Hannoversche *Liebes-*
Geschichten

erzählt von Lesern der Hannoverschen Allgemeinen Zeitung und Neuen Presse

Neue Presse

Hannoversche Allgemeine

Editorial

Liebe Leserinnen, liebe Leser!

Kaum etwas berührt uns so sehr wie Liebesgeschichten. „Romeo und Julia" und „Vom Winde verweht" sind die ganz großen. Doch das wahre Leben schreibt bekanntlich die besten. Dieses Buch ist der Beweis dafür. Wir haben Leser in der Zeitung dazu aufgerufen, ihre persönliche Geschichte über das Suchen und Finden der Liebe aufzuschreiben.

Um ihnen die Hemmung zu nehmen, hatten wir einige Anekdoten von prominenten und nichtprominenten Hannoveranern in einer Serie veröffentlicht. Es hat funktioniert: Täglich gingen Zuschriften und Fotos von verliebten Paaren in den Redaktionen ein. Daraus ist ein Buch mit einer Auswahl von 50 Geschichten über die große Liebe und glückliche Neuanfänge entstanden. Es erzählt auch vom romantischen Kennenlernen und davon, wie es gelingen kann, über Jahrzehnte gemeinsam durchs Leben zu gehen. Berührend, authentisch und unterhaltsam. Unsere Empfehlung: Halten Sie ein Taschentuch bereit!

Jelena Altmann

Liebe auf den ersten Blick

Das zweite Glück

Fernliebe

Verloren und wiedergefunden

Er sucht sie – sie sucht ihn

Eroberung nach alter Schule

Zum Glück auf Umwegen

*Liebe auf
den ersten Blick*

Liebe in der Altstadt

GOP-Direktor Dennis Meyer verliebt sich in Teestübchen-Chefin

Der Ballhofplatz, das ist schon ein ganz zentraler Platz der Liebe für mich. Hier laufen so einige Äste zusammen. Diesen Platz habe ich schon immer geliebt, diese Ruhe in der Altstadt. Hier hatten wir eine tolle Zeit, als das GOP umgebaut wurde und wir am Ballhof gespielt haben. In der Seitenstraße habe ich gewohnt. Und hier habe ich auch Josephine, die Liebe meines Lebens gefunden.

Einen Jahrestag haben wir im engen Sinne nicht. Wir kannten uns ja schon lange, durch Josephines Vater Günther Bohnecke, der ja schon lange viel für das Leben in der Altstadt tut. Wir hatten auch schon in der GOP-Zeit am Ballhof eine Kooporation mit dem Teestübchen. Im Frühjahr 2012, da kamen wir uns dann so langsam näher und irgendwann dann auch zusammen. Wir haben das nicht an die große Glocke gehängt, aber auch kein Geheimnis draus gemacht. Durch unsere Arbeit kennen wir viele Leute, und so gehen wir zu Veranstaltungen auch sehr gerne zusammen. Aber nach vorne gedrängt haben wir uns nie. Und ein Pressevertreter, der sonst immer gut übers Stadtleben informiert ist, der hat das auch erst ein Jahr später gemerkt.

Ich liebe die Gamla Stan, die historische Altstadt Stockholms mit ihren Gassen und den Häusern mit ihren bunten Fassaden. Josephine und ich waren da auch schon mal zusammen. In Hannover hat mich die Kreuzstraße

an die Gamla Stan erinnert. 2008 konnte ich dort in eine Wohnung ziehen, war endlich in der Altstadt. Wenn ich dann vom Georgspalast zu Fuß nach Hause gegangen bin, an der Kreuzkirche vorbei in die kleine Straße mit den wunderbaren Fassaden, dann war das wie in einer anderen Welt.

Heute wohne ich nur ein paar Meter weiter. Ein bisschen schuld daran war eine Erkältung. Es war der 30. November 2012. Das GOP feierte 20. Geburtstag, eine große Show war geplant, ich sollte auf der Bühne moderieren. Aber es ging einfach nicht. Ich wollte unbedingt, aber die Grippe hatte mich erwischt. Als der Arzt dann noch etwas von einer drohenden Lungenentzündung sagte, kapitulierte ich und blieb liegen. Josephine organisierte dann einen Krankentransport in ihre Wohnung über dem Teestübchen. Und seitdem wohne ich dort, mit Josephine.

Es ist ein großes Glück für mich. Man muss wissen, ich wache jeden Morgen mit dem Geruch von frischem Apfelkuchen auf. Manchmal sitzen wir abends, wenn nicht so viel los ist, auf dem Ballhofplatz und trinken einen Wein nach Feierabend. Aber Josephine ist als Geschäftsführerin des Teestübchens auch immer erreichbar, und ich bin im GOP auch sehr eingespannt. Da ist es gut, dass wir jeweils auch Verständnis für den anderen haben.

Josephines Eltern wohnen in Herrenhausen. Ihre Mutter Ute verwöhnt uns dort oft mit ihren Kochkünsten. Und wir vereinbaren vorher, welchen Charakter das Essen haben soll. Reden wir über das Geschäft, dann ist das ein Arbeitsessen in der Küche. Hat das Geschäftliche mal Pause, so ist das unser „Ambiente"-Essen mit Blick in den Garten. Und dann geht es auch wirklich nur ums Private.

Josephine und ich, wir halten das auch so. Wir nehmen uns unsere Auszeiten, fahren auch mal spontan weg, nach Hamburg oder, wie im Januar, zu einem herrlich ruhigen Urlaub in die Schweiz. Kein Skifahren, kein Chichi, nur Ruhe und schöne Bücher. Vielleicht klappt das auch irgendwann mit dem Steg. Denn ich hätte einfach gerne einen Holzsteg mit Wasser, natürlich. Und einer kleinen Hütte, in Schweden oder Dänemark vielleicht. Ein Ort zum Ausspannen und Segeln.

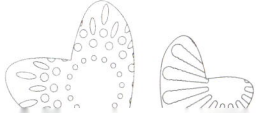

Josephine und ich wollen sehr gerne Kinder. Eins würde vielleicht noch in die Wohnung am Ballhof passen, aber ab dem zweiten … schwierig. Uns würde ein Umzug schon schwerfallen, auch wegen des grünen, stillen Innenhofes. Vielleicht finden wir etwas Schönes in Herrenhausen, mit einem Garten. Es wäre schade, aus der Stadt raus zu sein. Aber für zwei Perfektionisten wie Josephine und mich ist es auf der anderen Seite auch ein Vorteil, ein paar Minuten von der Arbeit entfernt zu sein, gerade für Josephine, die ja direkt über ihrer Arbeit wohnt.

In jedem Fall freuen wir uns auf die Zukunft. Manchmal, da spinnen wir schon ein bisschen rum. Dass wir ein halbes Jahr in New York oder Kopenhagen verbringen könnten, wenn der Sohn oder die Tochter da studiert.

Die Altstadt in Hannover ist Schauplatz der Liebe von Teestübchen-Geschäftsführerin Josephine Bohnecke und GOP-Direktor Dennis M. Meyer.

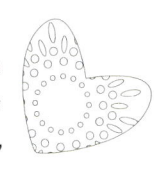

Und dass wir unsere Zeit in Ruhe genießen können, wenn die nächste Generation für das Teestübchen gefunden ist. Und dass die Kinder auf keinen Fall Artisten werden dürfen. Wenn wir darüber reden, dann ist da auch viel Spaß dabei.

Bis dahin haben wir Spaß mit unserem ersten „Kind", dem Flat Coated Retriever Flynn. Für mich war der Jagdhund keine Liebe auf den ersten Blick, obwohl er als Welpe natürlich total süß war. Aber mittlerweile ist er mir unendlich ans Herz gewachsen. Er begleitet Josephine bei der Jagd, mich beim Joggen Richtung Maschsee. So haben wir zu dritt unser Glück in der Altstadt gefunden.

Josephine Bohnecke und Dennis M. Meyer

Wohnort: Hannover
Alter: 35 und 29 Jahre
Zusammenlebend seit: 2012
Gemeinsamkeiten: Jagdhund Flynn, spontane Reisen,
überzeugte Stadtmenschen, ruhige Urlaube

Meine Badekappe!

Johanna Korte begegnet im Gewitter dem Mann ihres Lebens

E s war ein herrlicher Spätsommertag am 9. September 1955. Ich wollte unbedingt noch einmal nach Büroschluss ins Freibad, da am 15. September die Badesaison zu Ende ging. Schnell packte ich meine Badesachen ein und auch eine Badekappe – damals war es Pflicht, eine im Freibad zu tragen. Mit meinem Fahrrad radelte ich ins Lister Bad. Das Wasser war von den vielen Sonnenstunden noch gut aufgeheizt. Es war herrlich im Wasser. Doch

Drei Jahre nach dem heftigen Gewitter haben Johanna und Manfred Korte im Juni 1958 Polterabend gefeiert, 50 Jahre später goldene Hochzeit.

die Freude währte nicht lange. Es zogen dunkle Wolken am Himmel auf und es entwickelte sich ein heftiges Gewitter. Überstürzt packten alle Badegäste in wenigen Minuten ihre Badesachen ein und versuchten schnellstmöglich nach Hause zu kommen. Ich natürlich auch.

Auf dem Heimweg überraschte mich ein heftiger Regenschauer. Ich suchte Schutz in einem Hauseingang in der Nähe unserer Wohnung – ich lebte noch bei meinen Eltern. Plötzlich bemerkte ich neben mir einen dunkelhaarigen, großen Mann – und auch das, was er in seiner Hand hielt: meine Badekappe! Frechheit. Wir schauten uns an, und dann versuchte ich ihm die Kappe zu entreißen mit der Bemerkung, dass sie mir nicht allein gehöre, sondern auch meinen beiden Schwestern. Das beeindruckte ihn herzlich wenig. Es entstand ein wildes Ringen und Zerren. Schließlich gab er sie mir zurück, aber nur unter einer Bedingung. Ich habe versprechen müssen, ihn am nächsten Tag zu treffen. Schließlich verabredeten wir uns zu einem Spaziergang in den Herrenhäuser Gärten. Es war schön. Erst da bemerkte ich, was für ein netter Kerl er war. Wir verliebten uns.

Zwei Jahre später wurde Verlobung gefeiert, ein weiteres Jahr danach Hochzeit. Mein Mann war wie ich von Beruf kaufmännischer Angestellter. Unser erstes Kind war bereits unterwegs. Wir hatten großes Glück. Das Wohnungsamt hat uns eine große Teilwohnung in einem Altbau vermittelt. Unser zweites Kind wurde zwei Jahre später geboren.

Johanna und Manfred Korte

Wohnort: Bordenau
Alter: 77 und 79 Jahre
Verheiratet seit: 1958
Gemeinsamkeiten: Kinder, Enkel, Bewegung,
gutes Essen und köstlicher Wein

Anfang der 1960er-Jahre begann der große Bauboom. Wir entschlossen uns, zusammen mit meinen Eltern ein Baugrundstück auf dem Lande zu kaufen. So begann das große Abenteuer des Häuslebauens. Alles Ersparte wurde zusammengelegt, es wurde gerechnet und ein Kredit aufgenommen. Auf einem Ackerfeld, 25 Kilometer nördlich von Hannover, entstand eine große neue Wohnsiedlung. Die Bauzeit dauerte zwei Jahre. Mitte der 1960er-Jahre gab es einen weiteren Boom, den Babyboom. Wir waren auch dabei und erwarteten unser drittes Kind. Im Jahre 1964 bezogen wir dann endlich die obere Wohnung unseres Hauses. Ein Traum ging in Erfüllung. Jetzt wohnen wir schon 50 Jahre auf dem Lande in diesem Haus. Wir fühlen uns wohl. In diesem Sommer werden wir unseren 56. Hochzeitstag im Kreise der Familie mit drei Enkelkindern feiern.

Natürlich gab es in unserer Ehe Unstimmigkeiten, Ängste und auch eine schwere Krise existenzieller Art. Nur von Höhen in einer langen Gemeinsamkeit zu sprechen, klingt unglaubwürdig. Die Tiefen in unserer Ehe haben wir gemeistert und gemeinsam getragen. Unsere Kinder und Enkel geben uns Halt und Wärme. Ja, wir lieben und achten uns.

Gitarre verloren, Liebe gewonnen

Helmut Blaser erobert Frau auch ohne Rock 'n' Roll

Es war in den 1960er-Jahren. Meine Kindheit hatte ich hinter mir und war nun, mit meinen 17 Jahren, ein sogenannter Halbstarker geworden. Auch die holde Weiblichkeit, die vorher noch als die blöden Weiber von uns ignoriert worden waren, hatte nun einen viel höheren Stellenwert. Wenn sie auf ihren hochhackigen Schuhen daherkamen, waren sie zu echten Hinguckern geworden.

Um meine Chancen bei ihnen zu verbessern, kaufte ich mir eine Gitarre und sang dazu Rock-'n'-Roll-Songs. Entweder allein oder mit Gleichgesinnten, die ich überall fand. Elvis Presley war mein Idol in jeder Hinsicht. Ich sang seine Lieder, trug seine Frisur, meine Standardkleidung waren Nietenhosen und eine schwarze Lederjacke mit aufgestelltem Kragen. In den Sommermonaten war ich oft mit meiner Clique zum Zelten am Blauen See in Garbsen, wo wir natürlich auch die Ohren der Nicht-Gleichgesinnten mit unserer „Hottentotten-Musik" malträtierten. An einem schönen Frühsommertag hatte sich neben uns eine Gruppe Jugendlicher niedergelassen, unter denen ich einige mir bekannte Gesichter bemerkte. Sie schienen unsere wilde Musik zu mögen, denn ihre Beine wippten und ihre Schultern zuckten im Takt des Rock 'n' Roll. Nur eine der jungen Frauen schien das alles kalt zu lassen, denn sie unterhielt sich intensiv mit ihrer Nachbarin, während ich sang. Offensichtlich beurteilte sie mein Tun als das Imponiergehabe eines Halbwüchsigen und zeigte mir die kalte Schulter. An sich wäre das alles nicht so schlimm gewesen, jedoch die Tatsache, dass sie sehr gut aussah und mir

über alle Maßen gefiel, versetzte mir einen Stich in den Magen. Ich beendete mein erfolgloses Bemühen und schlug vor, in das kühle Nass des Sees zu
springen, was auch alle gern taten. Die Hübsche hielt auch im Wasser Distanz zu uns anderen und wirkte irgendwie unnahbar und kühl. Als wir uns
ausgetobt hatten und wieder unseren Lagerplatz beziehungsweise die Zelte
aufsuchten, bemerkte ich mit Entsetzen, dass meine Gitarre verschwunden
war. Welch eine Katastrophe, welch ein Verlust! Alles Suchen war verge-
bens. Ich fühlte mich niedergeschlagen und deprimiert wie niemals zuvor.
Ich saß weit abseits der Gruppe an einen Baum gelehnt, in meine dunklen
Gedanken versunken, stumm und untröstlich. Plötzlich bemerkte ich eine
Bewegung, und als ich aufsah, saß die kühle Schöne neben mir. Wachte ich?
Träumte ich? Mein Herz raste! Dann sprach sie wie mit Engelszungen die
Worte: „Weißt du, ohne Gitarre und ohne deine ständige Singerei gefällst
du mir viel besser!" Als wir dann einige Jahre später heirateten und ich sie,
der Sprengel-Tradition entsprechend, meinen Arbeitskollegen im Werk vor-
stellte, bekamen wir von ihnen einige Geschenke, unter denen eine von den
Tischlern selbst gebaute Minigitarre war. Dazu hatten sie einen Reim
verfasst, der etwa so lautete:

Vera und Helmut Blaser

Wohnort: Altgarbsen
Alter: 72 und 73 Jahre
Verheiratet seit: 1963
Gemeinsamkeiten: Naturverbundenheit, streifen gern
durch die Wälder, um Pilze und Beeren zu sammeln,
Studienreisen durch Deutschland und die ganze Welt

Ein Mensch, der die Gitarre spielt
Und dabei nach der einen schielt
Und denkt, er könnt' mit sanften Tönen
Erobern leicht die Gunst der Schönen
Dann spielend Seit' an Seite schreiten
Der muss sich darauf vorbereiten
Gitarrenmusik bringt Verdruss
Wenn man sie hört im Überfluss

Und sie wird störend oft empfunden
Da sie stets mit Geräusch verbunden
Nun leg das Instrument zur Seit'
Stell dich der rauen Wirklichkeit
Es ist nun einmal so im Leben
Das holde Weib wird mit der Zeit
Dir schon den rechten Ton angeben.

Als dann unsere Kinder geboren wurden und ihr Kreischen durch das Haus schallte, brauchte ich keinen aufregenden Rock 'n' Roll mehr, und nur die Minigitarre hängt seit über 50 Jahren stumm an ihrem Platz im meinem Arbeitszimmer.

Kollegen schenken Vera und Helmut Blaser eine Minigitarre zur Hochzeit.
Die beiden sind seit über 50 Jahren verheiratet.

Der Rat der Taxifahrerin

Massimiliano Ruggeri soll sich TV-Maklerin „schön warmhalten"

D ie Taxifahrerin war sicher nicht alleine schuld. Aber geschadet hat ihre kleine Einmischung auch nicht. Es war das Ende unseres ersten Dates. Wir hatten uns in der Mini-Bar am Thielenplatz getroffen, geredet, gelacht und einfach einen wunderschönen Abend gehabt. Ich teilte mir mit Massimiliano ein Taxi. Als ich ausgestiegen war und Massimiliano von der Fahrerin

© Nawid Reinermann

Sabine Ruggeri, VOX-Maklerin („mieten, kaufen, wohnen"), und ihr Mann Massimiliano sind immer noch „romantisch unterwegs".

nach Hause gebracht wurde, da brach es aus ihr heraus. Die blonde Frau solle er sich mal schön warmhalten, sagte die Taxifahrerin. Das sei doch die Maklerin aus dem Fernsehen, die sei doch hübsch und lustig und in jedem Fall eine tolle Frau. Das Schöne ist, dass Dinge wie Ruhm und Ruf für Massimiliano vollkommen unbedeutend sind. Nach dem Ratschlag der Taxifahrerin hat er mir die Geschichte noch als SMS geschrieben und fand das Ganze ziemlich lustig. Er hatte die TV-Sendung noch nie gesehen. Er, der Widder, ist ein ganz verbindlicher Mann. Das habe ich schon bei unserem ersten Treffen gemerkt. Er hatte ein Geschenk für mich dabei, ein Buch mit Gedichten. Das fand ich wunderschön! So mussten wir uns allein schon deshalb noch mindestens einmal treffen, weil ich ihm auch ein Buch schenken wollte.

Heute, zweieinhalb Jahre später, sind wir immer noch sehr romantisch unterwegs. Eine Hand bleibt immer frei für die Hand des anderen. Das mag ein wenig kitschig klingen, aber so machen wir das, auch wenn unsere beiden Hunde dabei sind oder wir unsere kleine Tochter Sophia Maxima im Kinderwagen ausfahren. Aber wir sind in einigen Dingen auch unterschiedlich. Massimiliano liebt etwa klare Formen. Die Küche ist gradlinig eingerichtet, mit wenig Spielerei. Ich habe vorher gerne in Altbauwohnungen gelebt, mit hohen Decken und auch ein paar Schnörkeln. Aber wer weiß, vielleicht gelingt es uns auch in unserem modernen Zuhause, beide Stile zusammenzuführen. Dass wir beide ganz gut zusammenpassen, zeigt auch die Geschichte von Weih-

Sabine und Massimiliano Ruggeri

Wohnort: Hannover
Alter: 36 und 41 Jahre
Verheiratet seit: 2013
Gemeinsamkeiten: eine Tochter, zwei Hunde,
lieben gutes Essen, Nordsee und Kunst

nachten 2012. Wir hatten uns jeweils ein Puzzle geschenkt, kein richtiges, sondern eines, bei dem am Ende das Geschenk entsteht. So puzzelten wir an Heiligabend und merkten bald: Wir haben uns dasselbe geschenkt: eine Reise nach Dresden, im selben Zeitraum, jeweils mit Karten für „La Traviata" in der Semperoper. Das war sehr lustig.

Heute, mit Kind, zwei Hunden und zwei Jobs, da müssen wir schon darauf achten, dass das „Wir zu zweit" nicht zu kurz kommt. Wir versuchen, uns mindestens einmal am Tag in Ruhe zu unterhalten. Meist klappt das beim Essen gut. Massimiliano steht meist am Herd. Es klingt wie ein Klischee, aber er hat schon als Kind Pasta selbst gemacht und kocht heute vorzüglich. Wir sind beide in den Achtzigern nach Hannover gekommen. Ich bin noch vor der Wende 1989 aus Greifswald an der Ostsee weggezogen. Massimiliano ist in Paris geboren und in Rom aufgewachsen. Später müssen wir uns hier schon mal über den Weg gelaufen sein. Wir mochten dieselben Klubs, die Baggi oder das Zaza. Manchmal überlegen wir, wann wir wo waren und ob wir uns dann nicht gesehen haben. Vielleicht auch, weil wir uns nicht so richtig vorstellen können, dass wir uns noch gar nicht so lange kennen. Denn von außen betrachtet ging das alles recht schnell bei uns. Im Oktober 2011 haben wir uns kennengelernt, im Januar bin ich bei ihm eingezogen. Am zweiten Jahrestag unseres Kennenlernens haben wir geheiratet. Die Hochzeit war wunderbar. Wir haben auf Sylt Ja gesagt, am 9. Oktober, auf den Tag genau zwei Jahre nach dem ersten Treffen in der Mini-Bar am Thielenplatz. Es war eine tolle Feier in einem Reetdachhaus direkt am Meer mit Familie und engsten Freunden. Es war auch nicht schlimm, dass ich nichts von dem leckeren Wein trinken konnte, den wir ausgesucht hatten, als ich noch nicht wusste, dass unser Baby unterwegs ist. Aber was sind schon Zeitpläne, wenn etwas einfach so gut passt? Nur die Flitterwochen mussten wir wegen der Geburt unseres Babys im Januar aufschieben. Aber die ABC-Inseln in der Karibik sind sicher auch in ein paar Jahren noch traumhaft schön.

Der Fototrick

Es war Sommer 1953. Meine Eltern zogen mit mir von Wittenberg nach Treptow in Ostberlin. Ich hatte gerade meine Friseurausbildung beendet. Eine Woche später bekam ich Arbeit im schönsten Salon in Treptow direkt an der Sektorengrenze. Es gab noch keine Mauer, und ich konnte meinen Lohn in Westberlin ausgeben. Meine Eltern waren großzügig, ich brauchte kein Kostgeld abzugeben. Meine Freundin kannte einen Fotoreporter, der hatte ein Bild von mir gesehen und ließ fragen, ob meine Freundin und ich für ihn Modell sein möchten. Wir sagten sofort zu. Er holte uns am nächsten Tag mit seinem Motorrad mit Beiwagen ab. Es war der 5. September 1955.

Ich erinnere mich noch genau, dass ich ein Kleid trug, das mir mein Vater genäht hatte, per Lohnstoff aus Westberlin, dazu einen Petticoat. Ich war im Trend. Er machte seine Fotos, die er gar nicht brauchte, er wollte mich nur kennenlernen. Am nächsten Tag wollte er mir die Bilder zeigen und lud mich in den Presseclub in der Friedrichstraße zum Essen und später zum Tanzen ein. Dabei erzählte er mir, wie er sich seine spätere Frau vorstellen würde. Meiner Mutter erzählte ich von dem Abend und sagte ihr, dass die Frau, die er sich vorstellte, erst noch gebacken werden müsste.

Der nächste Tag war ein Sonntag, wir fuhren zum Wandlitzsee. Dort sagte er, dass er mich heiraten würde. Es war der dritte Tag unseres Kennenlernens. Ich erzählte das meiner Mutter, und die sagte: „Da kannst du mal sehen, was die Männer sich so einfallen lassen." Wir waren sehr verliebt, als er wenige Tage später sagte, ich soll mir am 5. Februar einige Tage frei nehmen. Er möchte mit mir nach Masserberg, um Ski zu fahren. Er hatte ein altes Auto gekauft, es ging ab in die Berge. Auf der Autobahn hielt er an, holte einen

Topf Goldfarbe und malte auf dem Kilometerstein 82 zwei Ringe und unsere Initialen. Dort machte er mir einen Heiratsantrag. Ein verrückter Kerl. In Masserberg kramte er einen Kalender raus und sagte: „Nächstes Jahr am 15. Juni heiraten wir, da sind die Rosen am billigsten." Es blieb dabei, als wir heirateten, kannten wir uns anderthalb Jahre. Am Polterabend erschienen meine Freundinnen und von seiner Seite aus die Pressefotografen. Alles verrückte Kerle, einer schlimmer als der andere. Er wollte, dass ich meinen Beruf aufgab, um immer bei ihm zu sein. Es war eine glückliche Zeit, ich begleitete ihn bei all seinen Aufträgen. Zwei Jahre hatten wir ein schönes Leben, es ging uns gut, auch wenn man in den Geschäften nicht viel kaufen konnte. Immer mehr Menschen verließen die DDR. Eines Tages erschienen in unserer Wohnung zwei Stasileute. Sie forderten meinen Mann auf, als informeller Mitarbeiter die Geschäftsleute zu beobachten, ob es Vorbereitungen für eine Flucht gibt, was er sofort melden sollte. Das kam für ihn überhaupt nicht

Sigrid und Harald Bratke machen sich auch im Alter ihr Leben schön.

infrage. Menschen anzuschwärzen widerstrebte ihm. Noch in der gleichen Nacht fuhren wir ohne etwas mitzunehmen (nur einige wichtige Dokumente) nach Westberlin und meldeten uns bei der Polizei. Nach zwei Wochen im Auffanglager wurden wir nach Hannover ausgeflogen.

Meine Eltern waren ein Jahr früher geflüchtet, so hatten wir ein Sprungbrett für einen Neubeginn. Ich bekam im Salon Roggendorf im Zentralhotel eine Anstellung. Ging dann aber nach wenigen Wochen zur Meisterschule nach Oldenburg und erwarb den Meisterbrief. Wir machten in der Alten Döhrener Straße einen Friseursalon auf, der gut lief. Wir konnten uns in derselben Straße eine kleine Wohnung leisten. Die Wohnung wurde 1962 zu klein, denn unsere Tochter kam zur Welt. Nach der Realschule lernte sie bei mir Friseurin und machte danach ihre Meisterschule. Als jüngste Meisterin in Hannover. 1985 haben wir einen großen Salon mit 22 Plätzen eröffnet. Es war eine gute Entscheidung. Mein Mann gab seine Position als Betriebsleiter auf, um im Geschäft mitzuhelfen. Jetzt waren wir wieder täglich zusammen. Nachdem die DDR zusammenbrach, hat mein Mann seine Stasiunterlagen angefordert. Was dabei herauskam, ist nicht zu fassen. Wir wurden noch fünf Jahre nach unserer Flucht von der Stasi in Hannover bespitzelt. Sie waren sogar in unserer Wohnung, ohne dass wir es bemerkt haben.

Inzwischen sind wir 57 Jahre verheiratet, haben drei Enkelkinder und genießen unser Leben.

Sigrid und Harald Bratke

Wohnort: Hannover
Alter: 80 und 83 Jahre
Verheiratet seit: 1957
Gemeinsamkeiten: sehen sich als Gourmets,
lieben Wein, Spanien und die Ostsee

Liebe und Frieden

Im Workcamp schließt Cornelia Buchheister einen Lehrer ins Herz

Herbst 1955. Ich war 17 und mit Klaus auf dem Weg von Worms in den Norden, zurück nach Hause. Wir waren in einem Workcamp, hatten eine unbeschwerte, schöne Zeit und waren uns, so kann man sagen, auch ein wenig näher gekommen. Auf der Rheinbrücke stoppte Klaus dann plötzlich den Lloyd, sein Auto. Hinter uns wurde wild gehupt. Aber Klaus umarmte mich seelenruhig, und wir küssten uns zum ersten Mal. Dann sagte der Mann, den ich noch gar nicht so gut kannte: „Was werden wohl deine Eltern dazu sagen, dass wir uns verlobt haben?"

Nun, in drei Jahren, wollen wir diamantene Hochzeit feiern. Dass es so kam, das ist schon ein bisschen verrückt, aber so ist das Leben vielleicht. Bis 1956 wohnte ich in Hamburg. Meine Eltern waren mit mir 1943, nach einem schweren Luftangriff, aus Hannover evakuiert worden. Nach einigen Umzügen waren wir 1951 in Hamburg gelandet. Ich wollte dort mein Abitur machen. In den Ferien besuchte ich Workcamps. Diese waren organisiert vom Service Civil International, einer Organisation von Freiwilligen, die sich für Frieden, Gerechtigkeit und eine lebenswerte Umwelt einsetzen. In meinem ersten Camp habe ich den Lehrer Klaus Buchheister aus Hannover kennengelernt, acht Jahre älter und einer der Organisatoren des Camps. Wir haben uns gut verstanden. Damals war mir das gar nicht so bewusst, aber wenn ich heute alte Fotos aus den Camps anschaue, dann bin ich da schon ziemlich oft neben diesem Klaus Buchheister zu sehen. Mein Vater hatte eine hohe Meinung von Lehrern.

Das hat es meinem späteren Mann sicher erleichtert, als er meine Eltern bat, mich, die noch lange nicht die damalige Volljährigkeit von 21 Jahren erreicht hatte, in ein Camp nach Worms mitzunehmen. Also fuhren wir im Herbst 1955 im Lloyd von Klaus los, mit dabei ein gemeinsamer Freund. Wir hatten eine tolle Zeit. Der Freund spürte offensichtlich unsere Zuneigung und fragte unterwegs in neckendem Ton: „Papi und Mami, wann heiratet ihr denn?" Ich bekam einen hochroten Kopf. Dann lachten wir. Fortan nannten wir den Freund nur noch Bubi.

Mein Vater wollte mir den Weg in den Lehrerberuf ermöglichen; das war nicht selbstverständlich zur damaligen Zeit. War anfangs die Ausbildung in Hamburg geplant, sollte sie nun in Hannover stattfinden. Doch viel Geld war nicht da. Trotzdem unterstützten mich meine Eltern. Vor dem Umzug nach Hannover arbeitete ich aber noch in einer Kaffeerösterei.

Mit dem Ersparten und dem Geld der Eltern machte ich mich ans Studieren. Ich hatte Glück, denn es war nicht einfach, in einem anderen Bundesland eine Lehrerausbildung zu beginnen. Aber mein Mann kannte da einen Professor. Und so fügten sich die Dinge. Ich konnte also meine Ausbildung in Hannover machen. Mein Mann hatte einen guten Stand bei meinen Eltern, und unser gemeinsamer Plan fand Zustimmung. Ich wohnte in einem Zimmer in der Nähe des Lister Platzes, mit Hinterhofblick, aber mit Koch- und Waschgelegenheit – damals ein kleiner Luxus. Nach der Hochzeit 1957 zog Klaus dann sogar zu mir, bis wir eine richtige Wohnung hatten.

Wir haben uns immer ausgetauscht, das gegenseitige Verständnis war groß. Jeder wusste, was den anderen bewegt. Wir haben über Anschaffungen gemeinsam entschieden und uns langsam unser Leben aufgebaut. Aber das Wichtigste ist, dass wir immer über unsere Probleme geredet und Kompromisse gefunden haben. Die Camps, die Arbeit mit Jugendlichen, das war ein Leitfaden in unserem Leben. Auch nach unserer Hochzeit haben wir dort viel Zeit verbracht, haben an verschiedenen Projekten im In- und Ausland mitgearbeitet. So sind wir 1991 mit einer Gruppe nach St. Petersburg gefahren, damals noch Leningrad. Wir haben dort

in einem Krankenhaus gearbeitet und da unsere „Wahltochter" Anja, die damals 19 Jahre alt war und für uns gedolmetscht hat, kennengelernt. Schnell ist eine Freundschaft entstanden. Mittlerweile wohnt sie mit ihrem Mann, einem amerikanischen Journalisten, in den USA. Vor zwei Jahren hat sie uns auf dem Wege nach Russland zu ihren Verwandten hier in Hannover besucht. Drei Jahre später waren wir in einem Camp in der Ukraine, um verwilderte Ruhestätten auf einem jüdischen Friedhof in Ordnung zu bringen. Wir fühlten uns wohl unter den vielen Jugendlichen, haben uns dann aber doch gesagt: Es war schön, aber nun ist es für uns an der Zeit, damit Schluss zu machen. Die Camps waren tolle Gelegenheiten, mit Menschen aus aller Welt zusammenzuarbeiten und auch andere Kulturen kennenzulernen. Mein Mann sagt oft: Wenn mehr Menschen so miteinander arbeiten würden, wäre die Welt besser. Eine Haltung, die auch unsere Beziehung sehr getragen hat.

Cornelia und Klaus Buchheister haben sich gern für Frieden, Gerechtigkeit und Menschen eingesetzt.

Vor 13 Jahren sind wir aus unserem Haus in ein Apartment in einer Seniorenresidenz in Mittelfeld gezogen. Für viele ist das kein leichter Schritt, ich aber habe mich sehr darauf gefreut. Als wir die Wohnung das erste Mal besichtigten, brauchte es Fantasie, um darin unser zukünftiges Zuhause sehen zu können. Die Fantasie hatte ich, denn ich wäre auch gerne Innenarchitektin geworden. Es hatten sich schon mehrere Interessenten die in Auflösung befindliche Wohnung angeschaut, aber irritiert nicht genommen, weil ihnen genau diese Vorstellung fehlte.

Heute, wenn wir vom Balkon auf die Kastanie schauen, glauben wir schon, dass wir die schönste Wohnung in der Anlage haben. Das sagen auch unsere Kinder und Enkelkinder, wenn sie zu Besuch kommen. Wir waren beide immer recht pragmatisch und haben vorab viele Dinge verschenkt. Und weil wir uns so früh für den neuen Lebensabschnitt entschieden haben, hat vieles bei Verwandten und Freunden eine neue Bestimmung gefunden. Nur bei den Büchern, da fiel uns das Aussortieren schwer. Wir waren ja beide Lehrer und haben auch immer mit vielen Büchern gelebt. Der Umzug an sich ist uns nicht schwergefallen. Wir haben ihn sogar selbst mit unserem Bulli, der uns schon bis an die norwegisch-russische Grenze gebracht hatte, bewältigt.

Cornelia und Klaus Buchheister

Wohnort: Hannover
Alter: 77 und 84 Jahre
Verheiratet seit: 1957
Gemeinsamkeiten: Reisen, Kabarett,
französischen Wein genießen

Die Große Liebe – bei Liebe

Amors Pfeil trifft Martin A. Prenzler mit „richtiger Wucht"

Im Grunde war das Maschseefest schuld an unserer Liebe. Es war der warme Sommer 2003. Ich lebte und arbeitete damals noch nicht in Hannover, besuchte aber Freunde in der Stadt. Ich war im Luisenhof untergebracht. Von dort gingen wir an einem wunderbaren Sommertag in Richtung See. Wir hatten einen schönen Abend auf dem Maschseefest, das Licht spiegelte sich im Wasser, und das Bier war auch sehr lecker. Auf dem Rückweg sind wir dann noch beim Beach Club vorbeigekommen, das heutige Loretta's. Und da habe ich dann lange, sehr lange, wie meine Freunde sagen, mit dieser schönen blonden Frau getanzt.

Eine Woche später wollte mein späterer Trauzeuge unbedingt wieder in den Beach Club. Denn auch er hatte an dem Abend eine Frau kennengelernt, die er wiedersehen wollte – zufällig eine Freundin von Caroline. Diese Beziehung sollte nicht lange halten. Aber bei mir und meiner Frau, da war das Liebe auf den ersten Blick. Das kam mit einer richtigen Wucht, so wie ich das zuvor noch nie erlebt hatte. Ich erzählte meinem Vater von Caroline und war so begeistert, dass ich, glaube ich, schon im zweiten Satz gesagt habe: „Und die heirate ich einmal." Mein Vater hielt das damals wohl für einen Scherz. Aber nach einem halben Jahr sind wir zusammengezogen.

Am Anfang war mir gar nicht bewusst, wie sehr Caroline und ihre Familie in Hannover verwurzelt sind. Es war anfangs auch gar kein Thema bei uns, was wir machen oder unsere Eltern. Wir haben uns einfach so verstanden. Erst nach ein paar Wochen sagte ein Freund zu mir: „Weißt du eigentlich, dass das die Tochter von ‚Liebe' ist?"

Rückblickend war das sicher von Vorteil. Ich bin Carolines Familie und auch den Mitarbeitern völlig wertfrei entgegengetreten. Später habe ich dann selbst drei Jahre mit im Geschäft gearbeitet. Das war eine spannende Zeit. Denn wir arbeiten beide gerne, wir mögen, was wir tun. Das war im familiären Geschäft so, das ist bei mir auch heute noch so, als Geschäftsführer der City-Gemeinschaft. Und da haben wir ja auch beruflich miteinander zu tun, ich als Sprecher einer Interessengruppe, Caroline als Mitglied der Gruppe. Da gibt es auch schon mal ein bisschen Streit, aber im Grunde wollen wir ja alle in dieselbe Richtung.

Wir versuchen uns aber schon unsere Auszeiten zu nehmen. Aber wenn ich auf die Idee kommen würde, Caroline sonnabends in der Mittagszeit einzuladen, dann hätte ich eine Absage sicher. Es ist dann im Geschäft am vollsten, aber in dieser Zeit fühlt sich meine Frau am wohlsten.

Seit unserer Hochzeit tragen wir beide denselben Nachnamen. Ich bin eigentlich ein geborener Fischer, habe den Namen meiner Frau angenommen, damit das Haus auch in vierter Generation von den Prenzlers weitergeführt werden kann. Denn die Parfümerie Liebe ist die größte inhabergeführte Parfümerie Europas.

Mir und meiner Frau sind solche Dinge wichtig. Wir mögen beide auch die kleinen Rituale. So haben wir bei unserer wunderschönen Hochzeit auf dem Wasserschloss Hülsede als Erste Feierabend gemacht. Denn so soll es sein: Die Trauzeugen, die sich ja um so vieles kümmern bei einer Hochzeit, die durften dann mit den anderen Gästen so richtig weiterfeiern. Von den vier Stunden, die Caroline und ich verpasst haben, da gibt es sogar ein Fotobuch, das wir nach der Feier geschenkt bekommen haben. Und unsere Gäste haben auch ohne uns ordentlich gefeiert. Alle waren außerdem so stilvoll angezogen, hatten sich extrem chic gemacht für

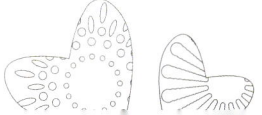

diesen Tag. Viele waren von ganz weit her angereist, und so hatte dieser Tag etwas Magisches.

Einige Mitarbeiter von Liebe sind ja schon Jahrzehnte dabei, für die ist Caroline so etwas wie eine Tochter. Und wie bei einer Tochter schaut man natürlich, was da so für ein Typ vorbeikommt. So war das auch bei meinem ersten Besuch in der Firma. Ich sollte Caroline abholen, hatte sie mir gesagt. Was sie mir nicht gesagt hatte, dass gerade eine Modenschau im Haus lief, in die ich praktisch reinlief. Da saß ich dann also in der ersten Reihe, und ich bemerkte die vielen Blicke.

Zu unserem Polterabend beim hannoverschen Yachtklub am Maschsee haben wir alle Mitarbeiter eingeladen. Die haben dann ein wunderbares Lied vorgetragen. Der Text behandelte Caroline und mich, zur Musik von Abbas „Waterloo". Als es dunkel war, konnte dann auch endlich das Feuerwerk gezündet werden, das ich vorbereitet hatte. Auch dieser Abend war wunderbar. Und auf der anderen Seite des Maschsees freute sich eine Schulfreundin meiner Frau. Die feierte dort ihre Hochzeit, und unser Feuerwerk war an diesem Abend auch ihr Feuerwerk.

So geht das manchmal mit der Liebe. Caroline und ich, wir wissen das sehr zu schätzen. Wir wohnen idyllisch in Kirchrode, dörf-

Caroline und Martin A. Prenzler

Wohnort: Hannover
Alter: 43 und 39 Jahre
Verheiratet seit: 2006
Gemeinsamkeiten: beiden sind Familie
und Freunde das Wichtigste

lich, aber mitten in den Stadt und im Grünen. Uns geht es gut mit unseren beiden Kindern. Aber wir wissen auch beide, dass das alles anders sein kann. Deswegen gehen wir eigentlich nie auseinander, ohne uns in die Augen zu schauen und zu sagen, was wir aneinander haben. Heute höre ich noch manchmal den Spruch, ich sei „der Liebe wegen" nach Hannover gekommen. Den Satz mag ich gar nicht so sehr. Er klingt so, als ginge es eher um das Geschäft als um die echte Liebe. Ich habe in Hannover die Liebe gefunden.

Geschäftlich und privat ein Herz und eine Seele:
Caroline und Martin A. Prenzler

Im Wagen vor mir...

Für Waltraud van de Vin wird ein Schlager wahr

Der 17. August 1980 war ein Sonntag, ein wunderschöner sonniger Tag. Ich war 35 Jahre alt und bei meiner Schwester in Braunschweig zu Besuch. Bei ihr war ein Mann, der großes Interesse an mir zeigte, aber mir nicht gefiel. Um diesem Mann zu entkommen, machte ich mich an dem Sonntag gegen Mittag, früher als üblich, auf meinen Heimweg Richtung Aachen. Auf der Autobahn 2 fuhr vor mir ein VW Variant mit Krefelder Kennzeichen. Der Wagen hatte also auch meine Strecke. Ich fuhr damals einen roten Opel

Waltraud und Werner Dollenberg van de Vin im September 2013 in Wien vor dem Schloss Belvedere.

Kadett. Wir überholten einander, winkten und lächelten uns zu bis kurz vor Rhynern. Der Mann im VW deutete mit einer kurzen Handbewegung eine Kaffeepause an, und ich nickte. Auf der Raststätte in Rhynern führten wir eine nette Unterhaltung. Ich fand den Mann sehr charmant, er hatte ein sonnengebräuntes Aussehen und strahlend blaue Augen.

Er war 41 Jahre alt, kam aus Hannover und musste für eine Woche geschäftlich nach Düren. Bei der Frage nach meiner Telefonnummer musste ich leider passen, weil sie mir nicht recht in den Sinn kam. Sehr peinlich. Aber in seiner charmanten Art meinte er, die Nummer im Telefonbuch zu finden. Schon am Abend rief er mich an und fragte, ob ich gut nach Hause gekommen sei. Wir haben uns gleich verabredet. Ich wollte diesen sehr attraktiven Mann näher kennenlernen.

Wir trafen uns dreimal in dieser Woche, danach des Öfteren auf halber Strecke oder an meinem Wohnort in Aachen. Am 6. Dezember 1980 bin ich mit ihm in unsere gemeinsame Wohnung nach Hannover gezogen. Im März 1983 haben wir geheiratet, im Dezember unser gemeinsames Haus bezogen. Glücklich über die rein zufällige Begegnung auf der Autobahn, begleitet von dem Lied: „Im Wagen vor mir fährt ein junges Mädchen..."

Waltraud und Werner Dollenberg van de Vin

Wohnort: Hannover
Alter: 69 Jahre und 74 Jahre
Verheiratet seit: 1983
Gemeinsamkeiten: Alpin-Skifahren, Fahrradfahren.
klassische Musik zur Entspannung

Kopf oder Zahl?

Der unbekannte Blonde hat Gunda Jarons Herz „gewonnen"

Romantik? Vereinen wird ja gerne attestiert, die Wiege so manch lebenslanger Beziehung zu sein. Meine Eltern lernten sich in den 1950er-Jahren jedenfalls über diese Art der „Partnerschaftsvermittlung" kennen, und sie führten über 50 Jahre lang eine Ehe mit vielen romantischen Elementen. Im wahrsten Sinn des Wortes den Auftakt ihrer sehr harmonischen Beziehung gaben zwei Chöre aus Ahlten und Sehnde. Die wurden nämlich von demselben Chorleiter durch Repertoire und Probenabende geführt, mit der Folge, dass gemeinsame Konzerte der beiden Singgemeinschaften, ja ganze Chorfestivals organisiert wurden. Ein Ergebnis dieser Co-Produktionen war ich, denn tatsächlich hatte sich ein Sehnder Bass in eine Ahltener Sopranistin verliebt – und umgekehrt, versteht sich. Die Leidenschaft für den Chorgesang sog ich also nicht nur mit der Muttermilch ein, sie lag mir quasi beiderseits in den Genen.

Ende der 1970er-Jahre trat folgerichtig auch ich in den Chor der Liedertafel Sehnde ein – ach wo, keineswegs mit der romantischen Erwartungshaltung, dort den Mann meines Lebens zu finden; ich war ja gerade erst 18 geworden und zu dem Zeitpunkt außerdem mit Abstand die Jüngste im Verein. Zu den Ältesten gehörte ein Ehepaar, das in demselben Jahr das Fest der goldenen Hochzeit beging. Selbstverständlich wurde der Chor gebeten, die Feier mit seinem Gesang zu bereichern, eine Bitte, der alle Sängerinnen und Sänger gerne nachkamen, lockten als Lohn für das Ständchen doch Kaffee und Torte. Moralisch gestärkt durch den Applaus der Feiernden ließen wir uns also nach beendeter Gesangsdarbietung gemeinsam mit den anderen Gästen an der Kaffeetafel nieder und schlemmten.

Mir schräg gegenüber saßen zwei mir unbekannte junge Männer, etwas älter als ich, einer groß und blond, der andere kleiner und dunkelgelockt. Geflissentlich sahen wir aneinander vorbei, alles andere wäre ja „voll daneben" gewesen, uncool, wenn wir das Wort damals schon gekannt hätten. Blicke wurden nur aus dem Augenwinkel heraus riskiert, aber die reichten aus, um Flirtsignale wahrzunehmen und selbst zu senden. Doch ... ja ... ziemlich „wow", die beiden.

Eine gute Stunde später beschlossen wir Chormitglieder, die Lokalität zu wechseln und irgendwo anders noch ein Glas Wein zu trinken und dem süßen Kuchen eine deftige Currywurst folgen zu lassen. Ich hatte meine Jacke schon angezogen, als mir plötzlich der große Blonde auf die Schulter tippte. „Sag mal, hast du nicht Lust, heute Abend noch mal wiederzukommen? Ich meine, wenn die ganze Esserei vorbei ist und getanzt wird?" Gespannt sah er mich an. Meine danebenstehende Mutter zog die Augenbrauen in die Höhe. „Meinen Sie denn, dass das Ihren Großeltern recht ist? Immerhin sind die hier die Gastgeber", ließ sie sich vernehmen. Sie schien die Verwandtschaftsverhältnisse der Familie zu kennen. Na, diese Frage zu klären brauchte es keine zwei Minuten, und wir verabredeten, dass mein Vater mich nach dem Genuss der Currywurst wieder zum Ort der Feier zurückfahren würde - einen Führerschein hatte ich ja noch nicht.

Es wurde ein zauberhafter Abend, der große Blonde und der kleinere Dunkelgelockte waren sympathisch, und so tanzten und quatschten wir die halbe Nacht, und irgendwann brachte der Blonde mich nach Hause. Ich verabschiedete mich kurz, es war ja schon spät ... Erst in der Wohnung ging mir auf, dass wir gar nicht daran gedacht hatten, ein Wiedersehen zu vereinbaren. Ach, auch egal, wie's kommt, so kommt's.

Und es kam ... Wenige Tage später war ich auf dem Nachhauseweg von der montäglichen Chorprobe, als ein orangefarbener Käfer mit quietschenden Bremsen neben mir hielt. Inhalt der Blechkugel war – ja hallo – der Blonde. Ich setzte mich auf den Beifahrersitz, und wir redeten und redeten und redeten, stellen fest, dass wir morgens fast zur

gleichen Zeit vom örtlichen Bahnhof aus zu unseren jeweiligen Ausbildungs-stätten fuhren – und fortan quietschte es jeden Morgen vor unserer Haustür. Ziemlich unspektakuläre Art des Kennenlernens, denken Sie? Nichts Be-sonderes? Dachte ich auch. Monate später dann, längst waren wir ein Paar, bekannte mein Freund – vermutlich waren wir gerade romantischer Stim-mung, so genau weiß ich das nicht mehr – einmal freimütig, er sei sehr froh, dass seinerzeit die Münze mit der richtigen Seite nach oben gelandet sei. Wie bitte? Fragend sah ich ihn an. Jetzt musste er Farbe bekennen – also über die Röte, die ihm ins Gesicht gestiegen war, hinaus. Na ja, druckste er herum, auf der Feier damals sei ich ja das einzige weibliche Wesen gewesen, das al-tersmäßig zu ihm und seinem Freund gepasst hätte … und so hätten sie eben darum geknobelt, wer von ihnen mich denn nun ansprechen durfte – sofern er den Mut dazu aufbrachte; immerhin hatten wir bis zu dem Zeitpunkt noch kein Wort miteinander gewechselt. Der Blonde hatte „gewonnen“. Dass sein Freund – als Nichtfamilienangehöriger – mich eigentlich auch gar nicht hät-te „einladen“ können und ich deshalb vermutlich auch nicht zu der Feier zurückgekehrt wäre, war den beiden gar nicht in den Sinn gekommen.

Mit Romantik hatte unser Kennenlernen herzlich wenig zu tun, mei-nen Sie? Ach, es kommt eben ganz darauf an, wie man das Wort definiert. Die Tatsache, dass wir unsere nun schon

Gunda und Bernd Jaron

Wohnort: Sehnde
Alter: 54 und 58 Jahre
Verheiratet seit: 1991
Gemeinsamkeiten: Vorliebe für Campingurlaube in
Kroatien

fast 25 Jahre dauernde, glückliche Ehe der richtigen Seite einer fallenden Münze verdanken, hat doch ihren ganz speziellen Charme, finden Sie nicht? Die romantischen Momente kamen dann später ... Beim Heiratsantrag? Nö, Fehlanzeige! Den übernahm für uns beide ein Freund. Als wir dem nämlich ein paar Jahre später eröffneten, dass wir in einigen Monaten Eltern werden würden, blickte er von einem zum andern. „Und?", fragte er zögernd, „habt ihr nun die Absicht zu heiraten?" Der Blonde und ich sahen uns fragend an. Hochzeit? Tja, könnten wir direkt mal drüber nachdenken ...

Ich darf also bestätigen: Vereine bieten wirklich eine prima Plattform, um den Partner seiner Träume kennenzulernen, Romantik hin oder her.

Gunda und Bernd Jaron – Der „Heiratsantrag" war keine romantische Angelegenheit, die Hochzeit dagegen schon.

Den will ich

Für Ingrid Stiewe ist Glück „sorgfältig ausgeführte gute Planung"

Meine Freundinnen und ich gingen in den 1960er-Jahren regelmäßig am Wochenende zum Tanzen. Ich war 19 damals, als ich ihn zum ersten Mal sah. Schlank, blond, mit großen braunen Augen, ein bisschen ironisch lächelnd stand er in der Tür und sah in meine Richtung. Es traf mich wie ein Blitz, ein Pfeil mitten ins Herz – an diesem Sonnabend im März 1966. „Den will ich haben", sagte ich zu einer Freundin und versuchte in den nächsten Stunden alles, um seine gesamte Aufmerksamkeit zu erregen.

Ingrid Stiewe spürte sofort, dass Gerd der Richtige ist.
Ihr Gefühl hat sie nicht getäuscht.

Er forderte mich zum Tanzen auf, ich schwebte auf Wolke 7, ich hatte mich verliebt. Bevor ich mit meinen Freundinnen spät am Abend wieder nach Hause fuhr, hatten wir beide uns für den nächsten Sonnabend verabredet, und ich war die ganze Woche damit beschäftigt, mir auszumalen, wie das Wiedersehen ausfallen würde. Würde Gerd überhaupt kommen? Handys gab es noch nicht, er hätte nicht mal absagen können. Wenn er nicht kam, würde ich ihn wahrscheinlich nicht wiedersehen. Natürlich hatte ich für das Rendezvous „nichts anzuziehen", kein „Glanz im Haar" – aber dafür eine Menge Schmetterlinge im Bauch und war im Übrigen nicht ansprechbar.

Aber er kam zur Verabredung, der Blitz traf mich noch mal, und auch er hatte sich in mich verliebt. Seitdem „gingen wir miteinander", doch Gerd sagte gleich, Familie, Heiraten, so etwas käme für ihn gar nicht infrage, er sei ja erst 25. Ich sehnte mich aber nach einem idyllischen Familienleben, das ich nach der Scheidung meiner Eltern nicht hatte: mindestens drei Kinder, zwei Hunde etc.

Der Zufall half meinen Plänen nach. Gern wollten wir mal ein Wochenende zusammen verleben, zum Zelten fahren, doch das war für meine Mutter undenkbar, ohne dass wir zumindest verlobt waren. „Gut, dann verloben wir uns eben", meinte Gerd. Damit war ja schon die Hälfte meines Planes geschafft. Dass ein halbes Jahr später meine Kollegin von einer freien Wohnung erzählte, war

Ingrid und Gerd Stiewe

Wohnort: Hannover
Alter: 67 und 73 Jahre
Verheiratet seit: 1967
Gemeinsamkeiten: Italien und seine Geschichte, Eishockey,
Reisen, Fotografie, Kochen für Familie und Freunde

ein Wink des Schicksals. Wohnungen zu bekommen, war damals fast unmöglich und für Unverheiratete gar nicht denkbar. „Wir können heiraten", sagte ich, „wir haben eine Wohnung in Aussicht." Am 6. Juli 1967, dem gefühlt heißesten Tag des Jahres, war es so weit: Wir sagten beide „Ja" und erlebten ein wunderbares Hochzeitsfest.

Seither sind 47 Jahre vergangen, und wir haben zwei Kinder großgezogen, drei Katzen viele Jahre ein Zuhause gegeben, die wildesten Partys gefeiert, tolle Abenteuerurlaube verbracht, gute und schlechte Zeiten miteinander erlebt, kleine und große Katastrophen gemeistert, Schicksalsschläge verkraftet. Wir sind miteinander erwachsen geworden, haben uns entwickelt, auch mal in verschiedene Richtungen, meist gemeinsam.

Durch unsere Söhne sind wir dann zum Eishockey gekommen, haben uns damals sehr im Verein engagiert, das Eisstadion gerettet, zusammen ein Buch über die Geschichte des Eissports in Niedersachsen geschrieben. Später entdeckten wir unsere Liebe zu Italien, die immer noch andauert, und inzwischen einen unserer Enkel damit infiziert.

Wir haben gelernt, dass wir den anderen mit seinen Fehlern und Schwächen so nehmen müssen, wie er ist, dass wir uns blind vertrauen können. Wir bringen uns gegenseitig zum Lachen, haben denselben ziemlich schwarzen Humor und oft die gleichen Gedanken. Die Liebe hat sich verändert und vertieft, und den Pfeil im Herzen spüre ich immer noch, wenn er zur Tür reinkommt. So kann es bleiben.

Einfach so angelächelt

Esther Niemeier trifft ihre Liebe im Vorbeigehen

An einem Nachmittag im Oktober 2010 war ich auf dem Weg nach Hause. Ich lief die große Pfahlstraße entlang, als von hinten ein Auto angefahren kam. Ich drehte mich zum Auto und musste lächeln, einfach so, obwohl ich die Person in dem Auto nicht einmal richtig sehen konnte. Das Auto fuhr vorbei, bog in die Rambergstraße ab. Ich wohnte zu diesem Zeitpunkt in der Rambergstraße und bog natürlich auch ab. Ich konnte das Auto noch ein wenig sehen, bis es dann in die Friesenstraße fuhr, um einige Sekunden später dann wieder in die Rambergstraße zu fahren. Das Auto fuhr also wieder an mir vorbei, und ich lächelte. Wieder konnte ich niemanden erkennen. Zu Hause angekommen, berichtete ich meiner Mutter von dieser Situation. Sie sagte daraufhin, dass er sicherlich nur einen Parkplatz gesucht habe.

Am nächsten Tag hatte ich morgens eine Verabredung mit einem Typen, dieser war jedoch nicht erschienen. Traurig und enttäuscht bin ich nach Hause gegangen. Als ich dann vor meiner Haustür stand, konnte ich meinen Augen kaum trauen. Ein Zettel hing an der Tür mit ganz wunderbaren Zeilen. „Hey, schönes Mädchen, dein wunderbares Lächeln geht mir nicht mehr aus dem Sinn. Zweimal habe ich es erblickt, viel zu kurz und nur im Vorbeifahren. Ich würd es gern noch mal genießen. Ganz berauscht, Lars."

Ich war sprachlos und fassungslos und hatte ein wundervolles Kribbeln im Bauch. Nachmittags habe ich ihm dann eine Nachricht geschrieben. Wir schrieben einige Tage hin und her, und dann fragte ich, ob wir uns denn mal treffen wollen. Daraufhin nichts. Keine Antwort mehr und ich ziemlich ratlos. Nach einer Woche des Wartens auf eine Antwort entschloss ich mich, eine Nachricht zu schreiben, und es kam endlich wieder eine Antwort, und wir verabredeten uns.

Der Treffpunkt war ein Restaurant, und ich war pünktlich. Ich ging rein, und dann die Gedanken, ich weiß ja gar nicht, wie er aussieht, hat er einen Tisch reserviert, wie ist überhaupt sein Nachname? Ich fragte die Bedienung, ob denn ein Mann hier auf jemanden warten würde. Sie verneinte dies, und ich habe mich dann einfach an einen Tisch gesetzt. Ich wurde von Minute zu Minute ungeduldiger, und meine Hände waren leicht feucht. Und dann kam er in das Lokal. Die Bedienung zeigte, wo ich saß, und er kam auf mich zu. Kribbeln im Bauch, Herzflattern, ein Dauergrinsen. Da war es schon um mich geschehen. Der Abend verging wie im Fluge. Ich kann nicht mehr sagen, worüber wir die ganze Zeit sprachen, aber eines weiß ich bis heute. Das Grinsen konnten wir beide nicht abstellen, und wir lächelten den ganzen Abend. Am nächsten Morgen der Muskelkater in der gesamten Gesichtsmuskulatur. Es ging uns beiden so. Es war Liebe auf den ersten Blick.

Esther und Lars Niemeier

Wohnort: Hannover-Bult
Alter: 28 und 38 Jahre
Verheiratet seit: 2013
Gemeinsamkeiten: Zwillinge, Hörspiele und -bücher,
Reisen, Sehnsucht nach dem Meer, chic essen gehen

Einige Tage später saßen wir in seinem Auto. Er spielte eine CD ab von Philipp Poisel mit dem Lied „Ich und Du". Dieses Lied fängt an mit den Worten „Hey, schönes Mädchen, ich muss dir dringend etwas sagen: Ich glaub wir beide sind für einander bestimmt." Ich habe noch heute dieses Kribbeln. Es gibt immer noch die Momente, in denen wir wie frisch verliebt sind. Im August 2013 kamen dann zwei besondere Ereignisse zusammen. Am 14. August heirateten Lars und ich in kleiner Runde, ohne Familie, ohne Schnickschnack. Es war einer der schönsten Tage meines Lebens. Am 25. August kamen dann unsere Zwillinge Jonne und Finlay auf die Welt, das Resultat unserer vollkommenen Liebe.

Familienglück zu viert: Esther und Lars Niemeier
mit ihren Zwillingen Jonne und Finley

Der amerikanische Traum

Reiselust bringt Hans-Heinrich und Edelgard Kirchhoff zusammen

Eine sehr sympathische junge Dame sitzt neben dir, so dachte ich mir damals im Vortragssaal des Amerikahauses, als dort fantastische Bilder aus der Neuen Welt gezeigt wurden. Wir kamen ins Gespräch, schlenderten anschließend noch ein wenig durch die Altstadt und beschlossen den Abend mit einem kleinen Imbiss in der Kreuzklappe.

Neugier auf Land und Leute, die Lust am Reisen, so stellten wir schnell fest, war eine unser gemeinsamen Interessen und hatte uns beide auch in das damalige US-amerikanische Kulturzentrum an der Ecke Georgstraße/Ständehausstraße im sogenannten Contiblock am Kröpke geführt. Beide waren wir von den Aufnahmen über die Nationalparks im Westen der Staaten begeistert. Wir verabredeten uns wieder, suchten aber zunächst die landschaftliche Schönheit in der Nähe und wanderten zwei Wochen später frohen Mutes quer durch den Deister. Beide hatten das Gefühl, wir passen zusammen, um ein gemeinsames Leben zu führen. Das war im September 1959.

Die erste größere gemeinsame Reise führte uns im März 1960 in das österreichische Galtür zum Skilaufen. Von dort schickten wir den überraschten Angehörigen und Freunden die vorher gedruckten Verlobungsanzeigen. Dann hatten wir auch schon die Hochzeit im Auge. Zusammenleben ohne Trauschein war damals nicht üblich. Der Wohnraum war staatlich kontrolliert. Eine Wohnung durfte man nur beziehen, wenn ein derartiges Dokument vorlag. So gaben wir uns am 19. August 1960 im alten Rathaus unser Jawort. Die freie Wohnung in unserem Hause konnten wir nun renovieren und luden unsere Verwandten sechs Wochen später zur Hochzeitsfeier ein. Nach einem zünftigen Polterabend folgte zwei Tage später die kirchliche Trauung in der Marktkirche. Von Herrenhausen dorthin ließen wir uns mit einem repräsentativen Wagen aus Untertürkheim chauffieren, der uns auch wieder zum Lokal führte, wo die anschließende Feier mit Familie und Freunden stattfand. Die Hochzeitsreise führte uns jahreszeitgemäß an die Mosel. Genau ein Jahr später, am 19. August 1961, wurde unsere älteste Tochter geboren, der zwei Jahre später noch ein Schwesterlein folgte.

Der Reisefieberbazillus steckte natürlich weiterhin in uns. Zunächst fuhren wir mit den Kindern in die nähere Heimat, später lagen unsere Ziele in Süddeutschland, und schließlich planten wir unsere Urlaube in die Nachbarstaaten und nach Großbritannien. An den normalen Wochenenden fuhren wir in unser Wochenenddomizil im Leinebergland. Unsere älteste Tochter, inzwischen im mittleren Teenageralter, wollte nicht mehr mit uns in den Urlaub fahren. Sie fand es auch spannender, mit Gleichaltrigen als Backpacker ihre Ferien zu verbringen. Nach einem Norwegen-Urlaub mit der jüngsten Tochter fand auch sie es nicht cool, Schlösser und Kirchen mit uns zu besichtigen. So planten wir den nächsten Urlaub nur für uns. Wohin sollte er führen? In die USA, wohin denn sonst! Die schönen Bilder vom Kennenlernen im Amerikahaus hatten wir beide noch im Gedächtnis.

Zunächst war New York unser Ziel. In der Nachkriegszeit hatten wir uns für den amerikanischen Jazz begeistert, hörten AFN und tanzten Swing in einem der vielen öffentlichen Tanzlokale. Ich selbst habe auch eine Zeitlang Rhythmusgitarre in einer Band gespielt, unter anderem auch bei der Siegesfeier zum Deutschen Meister 1954 im Clubhaus von Hannover 96.

So standen in New York auch die legendären Spielstätten wie die Carnegie Hall mit auf dem Besuchsprogramm. Dann ging es über Mexiko in den Westen der USA auf eine Rundreise zu den Glanzlichtern des amerikanischen Westens. Nun lernten wir sie kennen, die Canyons und Parks, die uns damals so begeistert hatten, aber auch Las Vegas, San Francisco und die herrliche Küstenstraße. Ausgangs- und Endpunkt war Los Angeles. Noch viele Reisen in alle Erdteile sollten folgen. Ein Höhepunkt war sicher die fünfmonatige Weltreise mit der alten „Columbus". Bis heute sind wir noch unterwegs, wenn auch unserer Alter Grenzen setzt. Von Anfang an wurde dabei fleißig fotografiert, zwischenzeitlich auch gefilmt. So blättern wir in den alten Alben und schwelgen in Erinnerungen.

Beim Betrachten der Hochzeitsbilder meinte meine Frau: „Eine Kutsche hätte eigentlich damals zu unserer Hochzeitsfeier besser gepasst". Nun, die silberne Hochzeit lag lange hinter uns und die goldene nicht mehr fern. Uns war klar, wir wollten zu diesem Zeitpunkt nicht verreisen, sondern mit Familie und Freunden feiern. Vielleicht ließe sich die vermisste Fahrt mit einer Kutsche nachholen. Ich hatte bei einem Freund bei dessen goldener Hochzeit eine Kutsche vor der Kirche gesehen. Mein diesbezüglicher Vorschlag fand Gefallen bei meiner Frau. Gemeinsam planten wir den Ablauf der Feier, informierten unsere Kinder, die Familie und Freunde. Die Feier sollte auf Herrenhausen bezogen sein, wo ich nunmehr seit 82 Jahre lebe. Das Vereinshaus

Hans-Heinrich und Edelgard Kirchhoff heirateten ohne Kutsche, das holten sie 50 Jahre später nach.

des Hockeyclubs zwischen Georgengarten und Großem Garten bot sich an. Sollte doch im Letzteren das Feuerwerk der Chinesen am geplanten Tag stattfinden, für uns ein krönender Abschluss der Feier.

Eine passende Kutsche mit edlen Pferden fanden wir bei der Familie Lacaszus, die auch die Fahrten im Georgengarten anbietet. Durch diesen königlichen Garten sollte auch unsere Kutschfahrt führen. Wer sieht bei dem Wort „königlich" in Verbindung mit Pferden nicht diese prächtigen Damenhüte in Ascot? Ein Hut musste her. Jetzt übernahm meine Frau die Regie. Sonst keine Hutträgerin, ging sie auf Spurensuche und wurde in der Lister Meile fündig. Ein passender Kleiderstoff wurde gesucht und von der Schneiderin genäht. Passende Schuhe, ein Bolero vervollständigten die Garderobe. Der Kirchenschmuck und der Brautstrauß mussten ebenfalls farblich harmonieren. Von alledem bekam ich nicht viel mit. Schließlich habe ich zwei Töchter. Dann kam der Tag. Meine Goldbraut stellte sich mir vor. Mir gefiel sie ausgezeichnet. Dann kam die Nachricht, die Kutsche steht vor der Tür. Nach regnerischen Tagen hatten wir herrlichen Sonnenschein. Zum Staunen der Leute fuhren wir mit der offenen Kutsche zur Kirche, wo wir schon erwartet wurden. Nach dem Gottesdienst mussten wir über die stark befahrene Herrenhäuser Straße und weiter durch den Georgengarten zu unserem Lokal. Nun hatten wir die seinerzeit fehlende Kutschfahrt nachgeholt und konnten richtig feiern.

Edelgard und Hans-Heinrich Kirchhoff

Wohnort: Hannover-Herrenhausen
Alter: 82 und 78 Jahre
Verheiratet seit: 1960
Gemeinsamkeiten: zwei Töchter, den heimischen Garten
genießen, Leidenschaft fürs Fotografieren

Die Gefängnisnacht

Karl-Heinz Woll beeindruckt sein Mädchen mit Heldentat

Die Jahre 1946/47 waren ja zwei schlimme Hungerjahre. Die Nahrungsprobleme waren überall in Deutschland sehr, sehr groß. Zur Weihnachtszeit wollte meine Mutter uns einen Kuchen backen, aber woher sollte sie genügend Mehl bekommen? Mein Vater hatte einen guten Geschäftsfreund, der nebenbei Schwarzhändler war, und das stand unter Strafe. Mein Vater gab mir einen größeren Beutel mit dem Auftrag, dort ganz viel Mehl zu kaufen. Als ich das Mehl hatte, fuhr ich mit der Straßenbahn heimwärts.

Karl-Heinz und Gisela Woll amüsieren sich im Schützenzelt.

In der Hildesheimer Straße stieg ich wieder aus, hatte den Beutel an meiner Seite und lief direkt in die Arme eines Polizisten. Weil ich nicht sagen wollte, woher ich das Mehl hatte, musste ich mit zur Wache, dort wurde ich wegen Diebstahlsverdacht verhaftet. Etwas später kam ein Polizeiwagen, die „Grüne Minna", und brachte mich in die Polizeidirektion.

Es wurde langsam Abend, und ich kam in eine Einzelzelle im ersten Stock, in der ich die Nacht verbringen musste. Am nächsten Morgen wurde ich aus meiner Zelle in ein Büro geführt. Nun begann das Verhör: Selbstverständlich nannte ich Namen und Anschrift des Schwarzhändlers, aber das war von mir alles gelogen. In der Zwischenzeit hatte mein Vater erreicht (ohne seinen Freund ausliefern zu müssen), dass ich noch am gleichen Tag wieder entlassen wurde.

Etwa ein halbes Jahr später fing ich in einer größeren Firma in einem Büro an zu arbeiten. Dort gab es eine Kollegin, die mir unheimlich gefiel! Nach einer gewissen Zeit traute ich mich, sie zu fragen, ob wir uns nach Feierabend nicht mal treffen können. Sie war einverstanden, und ich war glücklich. Ich überlegte dann, wohin man mit ihr mal gehen könnte. Wenn man eine Frau erobern wollte, war es damals üblich, dass man zum Tanzen ging oder ins Kino, oder man machte erst mal einen Spaziergang in der Eilenriede. Doch mich musste wohl der Teufel gebissen haben: Mein erster Spaziergang mit ihr führte uns in Richtung Polizeidirektion.

Gisela und Karl-Heinz Woll

Wohnhort: Hannover-Wülfel
Alter: 85 und 84 Jahre
Verheiratet seit: 1956
Gemeinsamkeiten: ein Sohn, Hannover 96, Reisen, Musik

Als wir da waren, zeigte ich nach oben und erzählte ihr, dass ich dort mal eine Nacht und einen halben Tag in einer Einzelzelle gesessen hatte. Danach nannte ich den Grund dafür. In diesem Augenblick musste ich in ihren Augen eventuell ein Held gewesen sein, der lieber ins Gefängnis geht, als den Freund seines Vaters zu verraten.

Danach kamen wir uns langsam immer näher, und es kam, was kommen musste – die ganz große Liebe! Mit der Hochzeit ließen wir uns ganz viel Zeit, weil wir erst eine Wohnung haben wollten, was damals auch nicht so einfach war. Nach der Hochzeit sind wir gleich am nächsten Tag nach Oberstorf gefahren, für eine Woche. Wir fragten in einer kleine Pension nach einem Zimmer. Die Pension wurde von zwei Frauen geführt, sie sagten: „Aber wir vermieten nur an Ehepaare". Wir nickten zustimmend und hatten sofort das Gefühl, dass man uns die Ehe nicht glaubte.

Am Tag vor unserer Abreise beschlossen wir, alle Zweifel zu beseitigen und zeigten unsere Heiratsurkunde. „Joo Mei!!", hörten wir laut, „da sind Sie ja auf Hochzeitreise". Sofort wurden wir zu Kaffee und Kuchen eingeladen, dann legten die Frauen ihre Karten auf den Tisch. „Zuerst haben wir nicht geglaubt, dass Sie ein Ehepaar sind, aber am dritten Tag wussten wir es. Sie haben immer nach dem Frühstück das Haus verlassen. Ein anderes Paar bei uns kam immer erst gegen Mittag aus ihrem Zimmer".

Inzwischen haben wir die goldene Hochzeit längst hinter uns, und sind nun seit vielen Jahren eine sehr glückliche Familie – mit einem Sohn.

„Einmal im Leben Tischkärtchen"

Bernd Weste will seinen Liebsten heiraten, doch der zögert ...

Ein heißer Maitag im Jahr 1992. Ich saß an diesem Abend mit ein paar Freunden im Café Caldo. Draußen waren es 30 Grad, im Café wahrscheinlich 40 Grad. Ich saß da also, und ich glaube, dass ich schlechte Laune verbreitet habe. Mir war unsäglich heiß. Irgendwann kam dann ein Bekannter von uns in Begleitung eines jungen Mannes ins Caldo. Den kannte ich nicht, fand ihn aber sehr interessant. Die beiden saßen an einem anderen Tisch, ich sagte meinem Bekannten, die beiden sollten sich doch zu uns setzen. Ich schaute diesen Fremden an, er schaute mich an, und es waren schon Blicke, wie man sie eben wechselt, wenn man jemanden mehr als nur interessant findet. Wir unterhielten uns, Frank und ich. Ich wollte herausfinden, wie er so „tickt". Die anderen hatten gerade neue Getränke bekommen, da fragte ich, ob jemand noch Lust auf einen Spaziergang hat. Und hoffte, dass nur einer „Ja" sagt. Es klappte. Also saßen wir im Auto, parkten am Casino am Maschsee und gingen los. Wir redeten, setzten uns mal hier auf eine Bank, dann wieder auf die nächste, redeten. Es war schön, und wir merkten gar nicht, dass es mittlerweile 4 Uhr nachts war, und wir drei Stunden gebraucht hatten, den Maschsee zu umrunden. Frank fuhr dann wieder zu sich nach Celle. Wir telefonierten in den nächsten Tagen, und Frank war eher zurückhaltend. Er wollte es mir, wie er später sagte, nicht zu einfach machen. Ein paar Tage nach unserem Spaziergang fragte ich ihn schließlich, ob er nicht mit mir in den Urlaub fahren wolle.

Ich wollte in eine schöne Wohnung von Freunden auf Sylt fahren. Er zögerte, dann sagte er Ja. Und so holte ich Frank einige Tage später in Celle ab. Ich musste etwas entfernt parken, damit seine Mutter, bei der er zu dieser Zeit noch im Haus wohnte, das Auto nicht sieht. Ein Mann, einige Jahre älter als ihr Sohn, in einem Mercedes, das wollte Frank seiner Mutter als ersten Eindruck von mir nicht vermitteln. Heute mögen wir uns sehr, und Franks Mutter verstand sich auf Anhieb sehr gut mit meinem Vater. Wir waren wie eine große Familie. An diesem Tag im Frühling 1992, also kurz vor Pfingsten, habe ich Frank nach Sylt eingeladen. Dort konnte ich dann schon ein wenig angeben, wie man das eben gerne macht, wenn man jemanden beeindrucken möchte. Ich fahre ja nun schon auf die Insel, seit ich 22 Jahre alt bin, und kannte natürlich viele Leute, bekam immer einen Tisch, in der Sansibar etwa, oder in meinem Lieblingslokal, der Sturmhaube. Dort saßen wir dann also an unserem ersten Abend auf der Terrasse und schauten in den Sonnen-

Frank Hackbarth (links) und Bernd Weste,
Chef der Hannöverschen Aids-Hilfe.

untergang. Es war bezaubernd. Dieser 19. Mai ist dann auch bis heute unser Tag. Wir fahren regelmäßig auf die Insel. Aber manchmal, wenn wir so richtig unsere Ruhe haben wollen, dann fahren wir nach Sierksdorf an die Ostsee, in ein kleines Häuschen von unseren besten Freunden. Da kennt uns dann – anders als auf Sylt – niemand, wir fühlen uns nicht so verpflichtet. So schön es auch ist, spontan mit Freunden zusammenzukommen, manchmal ist es eben auch schön, seine Ruhe zu haben. Wir lieben die Zweisamkeit. Zweimal habe ich Frank gefragt, ob er mich heiraten möchte. „Mein Mann" sage ich nur ungern, er gehört mir ja nicht. Nun ja, zweimal hat Frank „Nein" gesagt. Dann, nach 15 Jahren Beziehung, waren wir auf einer Hochzeit von Freunden eingeladen. Es war alles sehr schön, sehr stilvoll, eine tolle Feier. In dieser Umgebung fragte ich Frank ein drittes Mal, und er sagte „Ja". Ich bin ja ein großer Loriot-Fan, und frei nach Loriot sagte ich: „Ich will einmal im Leben Tischkärtchen haben." Die gab es bei unserer Hochzeit dann natürlich nicht. Ich mag den Spruch, nicht die Kärtchen. Das finde ich ein bisschen spießig. Unsere Feier war dann ganz wunderbar. Besonders an eine Episode erinnere ich mich sehr gerne. Mein Vater, damals ja schon fast 90 Jahre alt, war unser Ehrengast. Bei einer Gala im Theater am Aegi kurz zuvor hatte er Lilo Wanders kennengelernt. Als er erfuhr, dass hinter der Figur „Lilo" eigentlich ein Mann, „Ernie" Reinhardt steckt, hat ihn das zunächst kurz durcheinander gebracht. Und als er dann aber erfuhr, dass das Tragen von Frauenkleidung

Bernd Weste und Frank Hackbarth

Wohnort: Hannover
Alter: 64 und 47 Jahre
Verheiratet seit: 2007
Gemeinsamkeiten: lieben die Oper und das Ballett,
gehen gern essen

nicht gleichbedeutend mit dem Schwulsein ist, war er beruhigt. Anlässlich unserer Hochzeit trat nun „Ernie" Reinhardt auf meinen Vater zu, begrüßte ihn, und sagte ihm, dass es eine Freude sei, ihn wiederzusehen. Mein Vater entgegnete ihm, dass die beiden sich doch noch nie begegnet seien. „Ernie" erklärte ihm, dass er der Mann unter der blonden Perücke war. Mein Vater rief mich dann zu sich und flüsterte mir zu: „Als Frau gefällt er mir besser." Das zeichnet ein schönes, passendes Bild von meinem Vater. Er hatte mich als Kind adoptiert. Und sicher auch gedacht, dass ich mal der Stammhalter werde und den Hof weiterführe. Nun, da hat er wohl ein bisschen umdenken müssen, dass er nun einen Sohn adoptiert hatte, der sich für eine andere Lebensform entschieden hat. Aber mein Vater, der leider im vergangenen Jahr verstorben ist, hat das dennoch akzeptiert und sich immer um uns gesorgt. Und er war froh, als er Frank kennenlernte und dessen Mutter, und wir uns alle so gut verstanden. Darüber freue ich mich heute noch sehr.

Frank und ich sind im Mai schon 22 Jahre zusammen. Ich glaube, dass auch Freiraum unser Geheimnis ist. Wir lassen uns unseren Raum. Ich bin ja viel unterwegs, nicht nur für die Aids-Hilfe. Und obwohl wir seit vielen Jahren zusammenleben, telefonieren wir mindestens zweimal am Tag. Und an den Maschsee, da gehen wir immer noch gerne ..!

Das
zweite Glück

Bauchkribbeln
mit Mitte 60

Bärbel Reinhard liebt die Natur, ihr Jörg zum Glück auch

Als ich 2005 meinen Lebensgefährten, der an Krebs starb, verloren hatte, zog ich wieder nach Hannover, weil hier meine Kinder leben und ich hier lange gewohnt und gearbeitet hatte. Um nicht zu viel allein zu sein, wanderte ich einmal wöchentlich mit dem KSS Hannover in der Region und lernte etliche nette Gleichgesinnte kennen.

Eines Tages erzählte mir ein Wanderfreund, er wolle mit einem Schulfreund, den er nach fast 50 Jahren wiedergefunden hatte und der in Minden lebte, eine Weserradtour unternehmen. Weil ich zuvor acht Jahre in Rinteln gelebt hatte, fragte ich spontan: „Oh sag mal, könnt ihr nicht einen dritten Mann gebrauchen?" Er fragte seine Freund, er war mit dem dritten Mann in Gestalt einer Frau einverstanden.

An einem wunderschönen Junimorgen 2008 trafen wir, Jörg und ich, zu unserer ersten Radtour zusammen, die uns zum Weserbogen unter der Porta

Bärbel Reinhard und Jörg Traue

Wohnort: Langenhagen
Alter: 70 und 71 Jahre
Zusammenlebend seit: 2009
Gemeinsamkeiten: Wandern, Radtouren, Natur

Westfalica führte. Er hatte auch seine Frau durch Tod verloren, und so hatten wir eine gemeinsame, etwas schmerzhafte Basis für unsere Gespräche. Es stellte sich heraus, dass er zwar seit 40 Jahren in Minden lebte, aber in Hannover geboren war; ein echter Hannoveraner also. Ich hatte in den vergangenen drei Jahren des Alleinlebens wieder Mut geschöpft und dachte, ich würde nicht mehr mit einem Mann gemeinsam leben wollen. Dann aber nahm Jörg mich zum Abschied in den Arm, und alles wurde ganz anders: Sehr wohl kann man auch mit Mitte 60 noch Schmetterlinge im Bauch haben!

Wir sahen uns wieder, er kam des Öfteren nach Hannover, ich fuhr nach Minden, und irgendwann beschlossen wir, dass wir unseren Wohnort zusammenlegen wollten. Er verkaufte sein Haus in Minden und erwarb eines in Langenhagen, wo wir seit nunmehr viereinhalb Jahren glücklich miteinander leben. Nach wie vor wandern wir gern gemeinsam und unternehmen Radtouren. Die Erlebnisse in der Natur haben uns zusammengeführt, und so lange es geht, wollen wir uns gemeinsam daran erfreuen.

Bärbel Reinhard und Jörg Traue gönnen sich schöne Tage in Meran.

Kochevent mit Folgen

Jutta Barth legte Beziehung schon „zu den Akten", aber dann ...

Weihnachten 2008 haben mir meine Stiefkinder (mein Mann verstarb 2004) einen Gutschein für ein gemeinsames Kochen bei Möbel Staude geschenkt. Es sollte am 15. Januar 2009 stattfinden. Über das Geschenk habe ich mich sehr gefreut. Doch als es so weit war, war ich furchtbar erkältet. Eigentlich hatte ich keine Lust zu der Veranstaltung. Trotzdem habe mich aufgerafft – und das war mein Glück. Als ich das Geschäft betrat, stand direkt in meinem Sichtfeld ein Mann meines Alters, etwa Anfang 60, mit einem Glas Rotwein in der Hand. Ich fixierte diesen Herrn von oben bis unten und machte für mich die Feststellung: Bei mir hat eben der Blitz eingeschlagen!!!

Jutta Barth und Joachim Meder reisen gern. Ein Opernball besiegelte ihr Glück.
Ein Freund machte das Foto und textete: „Das glücklichste Paar von Hannover".

Wir kochten dann zusammen und hatten mit meinem Stiefkindern und Anhang einen wunderschönen Abend. Leider meldete sich mein „Blitzmann" nicht wieder. Da ich wusste, dass er eine Apotheke in der List hatte, bestellte ich dort Medikamente für meine Katzen und hoffte, dass er diese Gelegenheit nutzte. Aber leider geschah wieder nichts. So verging fast ein Jahr, man ging mal aus, mailte, traf sich, aber es ging nicht so recht voran. Als Weihnachten dann auch nichts geschah, legte ich diese Beziehung zu den Akten. Mit einer Freundin fuhr ich Silvester in den Urlaub, und plötzlich, um Mitternacht (2009), gab es einen Anruf. Er war dran: „Ich möchte gern mit dir eine Beziehung eingehen und mit dir zusammen sein." Ich konnte es nicht fassen und hoffte, dass ich in der Silvesterlaune nicht zu viel in dieses Gespräch interpretierte. Aber es kam so, wie ich es mir in den kühnsten Träumen nicht erhofft hatte. Wir gingen gemeinsam zum Opernball. Seitdem sind wir ein Paar und wohnen seit 2011 gemeinsam in Iserhagen NB-Süd. Mein Lebensgefährte hat das Kochen für sich entdeckt. Ein Wermutstropfen in unserer Beziehung ist, dass ich mich von meinen Katzen trennen musste. Aber man kann ja nicht alles im Leben haben. Wir freuen uns immer wieder, dass wir uns beim Kochen kennengelernt haben und der Ball unser Glück besiegelt hat. Man kann auch mit über 60 noch sein Glück finden. Manchmal glauben wir, dass sich unsere verstorbenen Partner im Himmel zusammengetan haben, um uns glücklich zu sehen.

Jutta Barth und Joachim Meder

Wohnort: Isernhagen NB-Süd
Alter: 64 und 63 Jahre
Zusammenlebend seit: 2011
Gemeinsamkeiten: Kochen und Reisen,
Gartenarbeit, Verwöhnfrühstück mit frischen Brötchen

Vergiss es!

Ilona Diele glaubte nicht mehr ans Glück, bis sie ihn sah ...

Nach zwei Ehen beschloss ich, mit meinem damals achtjährigen Sohn allein zu bleiben und keinen Mann mehr in unser Leben zu lassen. Acht Jahre hielt ich diesen Zustand aus, bis mein Sohn sagte, ich solle doch mal ausgehen und nicht immer weinen. An einem Mittwochabend im April folgte ich seinem Rat und ging gar nicht weit – bis zu einer kleinen Kneipe um die Ecke, zum Alten Friesen in Hannover-Misburg.

Früher war ich mit Freunden öfter dort, kannte noch den einen oder anderen. Als ich die Kneipe betrat, traf es mich wie ein Blitz. Da stand er: schlank,

Ilona Diele und Hans-Joachim Kraus-Rump erleben einen Kneipenabend, der ihr Leben verändert.

groß, grau melierte Haare, humorvoll, spielte einfach nur Darts. Aber meine Freunde warnten mich, dass er liiert sei und ich die Finger von ihm lassen solle. Ich wollte ja auch nichts von ihm, vielleicht nur etwas flirten. Was ist schon dabei? Er erzählte mir, dass er in einer unglücklichen Beziehung lebe. Später fragte er mich sogar nach meiner Handynummer, ich notierte sie ihm auf eine Serviette.

Nach dem Kneipenabend brachte er mich zu Fuß nach Hause, mit der rechten Hand sein Fahrrad schiebend, links mich im Arm. Wir wohnten nicht weit voneinander entfernt, begegnet waren wir uns aber vorher noch nie. Vor meiner Haustür küssten wir uns – unendlich! Am nächsten Tag aber: Funkstille! Ich sagte zu mir: Wow, was für ein schöner Abend, was für ein toller Mann, aber vergiss es! Wollte doch keinen Kerl mehr, außerdem war er vergeben, und eine Beziehung zu zerstören ist absolut tabu für mich!

Am Freitagmorgen, also zwei Tage später, klingelte mein Handy. Meine Bekanntschaft aus der Kneipe war dran. Er fragte, ob ich Lust auf Frühstück hätte, die Brötchen würde er gerade besorgen und sei in 15 Minuten bei mir! Wow, dachte ich wieder. Jetzt aber schnell unter die Dusche, etwas Rouge und Wimperntusche auflegen – so schnell war ich noch nie am Morgen aufgefrischt.

Ilona Diele und Hans-Joachim Kraus-Rump

Wohnort: Hannover-Misburg
Alter: 57 und 61 Jahre
Verheiratet seit: 2013
Gemeinsamkeiten: Musik hören, Tanzen, gute Gastronomie,
mit Freunden treffen, zum Schwimmen gehen

Es klingelte, er stand vor meiner Tür und sagte: „Wollte mal sehen, ob du noch genauso niedlich aussiehst wie am Mittwochabend." Ein süßer schwarzer Hund namens Felix begleitete ihn, mit dem ich auch gleich Freundschaft schloss. Wir frühstückten gemeinsam, am Ende gab es einen Kuss, und dann ging er wieder. Zweifel quälten mich und ich begann nachzudenken. Haben wir überhaupt eine Zukunft? Des Öfteren kam er in meiner kleinen Wohnung vorbei. Doch er lebte immer noch mit seiner Lebensgefährtin zusammen und beteuerte, dass das Verhältnis zerrüttet sei.

Habe ihn nie bedrängt, ihm Zeit gelassen. Zwei Jahre später hatte er alles geklärt, und wir zogen zusammen. Er hielt um meine Hand an! Vergangenes Jahr im August, an seinem 60. Geburtstag, haben wir geheiratet. Wir haben uns nicht gesucht, aber gefunden. Unser Lied von damals hören wir heute immer noch: „So soll es sein, so kann es bleiben". Mein Sohn zog im vergangenen Jahr aus, nachdem er auch die große Liebe gefunden hat. Bald werden wir Oma und Stiefopa – das Glück ist perfekt, mehr geht nicht!!!

Da lachen ja die Hühner

Dagmar Seidel-Raschke begegnet ihrem „Prinzen" im Stall

Hühner sind oft zickig, einfältig, und sie gackern viel. Sie verlassen nur ungern den Hof. Wenn sie sich dann doch einmal zu weit davon entfernen, sind sie verwirrt, und man muss sie wieder einfangen. Hühner sind alle hinter einem Hahn her. Und mit dem sorgen sie für Nachwuchs.

Ich war weder auf der Suche nach einem „Hahn", noch war ich mit fast vierzig und nach gescheiterter Ehe an Nachwuchs interessiert, als ich im November 1994 nach Büroschluss noch einmal schnell nach Nachbars Hühnern schaute. Der Nachbar war alt und kam mit der Versorgung nicht immer nach. Als passionierte Tierschützerin gab es für mich deshalb nur eines: Ich hatte ein Auge auf die Hühnerschar. Selbst die Angriffe des stolzen Hahns und seine Attacken auf meine in Seidenstrümpfe verpackten Beine konnten mich nicht davon abhalten, für frisches Wasser und ausreichend Futter zu sorgen.

Und da stand er plötzlich vor mir: mein Prinz! In seiner schnieken Üstra-Dienstuniform wirkte er mindestens so deplaziert im Stall wie ich mit meinen inzwischen mit Hühnerkacke verschmierten Stöckelschuhen. „Ich dachte, ich treffe hier Herrn W. an", meinte er nach einem etwas verlegenen Hallo. Auf dem Arm hatte er ein Meerschweinchen, offensichtlich aus dem Bestand des Nachbarn, das er nun zu seinen Artgenossen in den Stall setzte. „Wissen Sie, es war krank, und ich habe es zum Tierarzt gebracht. Es hätte sich ja sonst niemand darum gekümmert."

Erst eine halbe Stunde später verabschiedeten wir uns voneinander. Da waren wir bereits beim Du. Der fesche Busfahrer, so wusste ich nun, hieß Wolfgang. Seine beiden Mädchen besuchten den Nachbarn gelegentlich. Obwohl erst sechs und acht Jahre alt, sorgten sie sich um das Wohl der vielen Tiere, weshalb sich ihr Vater veranlasst sah, dort auch gelegentlich nach dem Rechten zu sehen.

Es gab außer Hühnern und Meerschweinchen noch Kaninchen, Katzen, Hunde und auch eine Ziege. Ich erfuhr, dass Wolfgang schon seit längerer Zeit geschieden war und die Kinder ihn nur zu festgelegten Zeiten besuchen durften. Ich ahnte, dass es ihm damit nicht gut ging, und ich wünschte ihm zum Abschied deshalb etwas platt, dass die Sonne für ihn doch bald wieder scheinen möge.

Im Februar rief Wolfgang mich das erste Mal an. Ronnenberg vor den Toren von Hannover ist nicht allzu groß. Wir hatten uns zwischenzeitlich immer wieder einmal durch Zufall beim Bäcker, an der Tankstelle oder anderswo getroffen und bei der Gelegenheit ein paar Worte gewechselt. Einmal waren auch seine süßen Mädels dabei gewesen. Sie waren kein bisschen schüchtern und plapperten gleich auf mich ein.

Nun hatte Wolfgang seinen ganzen Mut zusammengenommen und mich für das kommende Wochenende zum Essen eingeladen. Ich war überrascht. Hatte ich da etwas nicht gemerkt? Und dann freute ich mich. Ein Rendezvous! Das fühlte sich nach langer Zeit der selbst auferlegten Abstinenz gut an, und ich hatte Herzklopfen.

Dann kam alles ganz anders. Wolfgang sagte den Termin telefonisch ab. Er hatte akute Schmerzen bekommen und war ins Krankenhaus eingeliefert worden. Kurz vor dem Telefonat mit mir hatte seine behandelnde Ärztin ein ernstes Gespräch mit ihm geführt. So schonend wie möglich hatte sie ihm mitgeteilt, dass es da wohl einen bösartigen Tumor in der Niere gebe, der so schnell wie möglich mitsamt der Niere entfernt werden müsse. Die OP sollte schon am nächsten Tag erfolgen.

Plötzlich stand es im Raum, das böse Wort: Krebs. Wir waren beide betreten. Ich musste Wolfgang versprechen, ihn gleich nach der OP zu besuchen. Und das tat ich dann auch. Am nächsten Tag saß ich am Bett eines Mannes, den

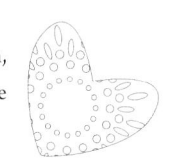

ich nicht kannte und der mir, noch von der Narkose benommen, offenbarte, dass er sich in mich verliebt habe. Ich nahm seine Hand und hielt sie ganz fest.

Verliebte haben Schmetterlinge im Bauch, sehen alles durch eine rosarote Brille und schweben auf Wolke 7. Vielleicht hat genau dar- um der Krebs für uns keine große Rolle gespielt. Die Krankheit war nicht zu leugnen, aber sie war nicht wichtig. Wolfgang hatte nur ein Ziel: das Krankenhaus so schnell wie möglich zu verlassen, um ein neues Leben zu beginnen. Es war ihm, es war uns bewusst, dass dieses „neue Leben" auch nur von kurzer Dauer sein konnte. Aber diese Zeit wollten wir für uns haben.

Wolfgang erholte sich schnell. Wir näherten uns an und genossen schöne Stunden zu zweit, aber auch mit den Kindern. Bianca und Tanja freuten sich darüber, dass Papa endlich wieder eine Frau hatte, und genossen es, mit uns zusammen zu sein. Bei jedem Besuch beäugten sie argwöhnisch meinen Bauch. Sie wünschten sich doch ein Geschwisterchen, und dass ein Baby im Bauch heranwächst, das wussten sie.

Bald konnte Wolfgang wieder arbeiten. Irgendwann im Mai begleitete ich ihn bei einer seiner Fahrten mit dem Üstra-Bus. Das hatte er sich gewünscht. Stolz lenkte er „seinen" Bus, während ich hinter ihm auf einem Sitz Platz genommen hatte. Unsere verliebten Blicke trafen sich hin und wieder im Spiegel.

Die Fahrt ging mit der Linie 54 von Wettbergen nach Empelde. An der Haltestelle Mühlenberg stiegen ein paar Jugendliche ein. Sie pöbelten während der Fahrt und hatten dabei ihren Spaß. Richtige kleine Machos, dachte ich. Sie waren so mit sich beschäftigt, dass sie vergaßen, den Halteknopf zu betätigen, um an der nächsten Haltestelle auszusteigen. Als sie es bemerkten, war es zu spät. Der Bus hatte die Haltestelle passiert, ohne anzuhalten.

Plötzlich schlug die Stimmung um. Die Jugendlichen wurden aggressiv, begannen zu fluchen und zu schimpfen. Sie betitelten Wolfgang als „Scheiß-Busfahrer", forderten, dass er den Bus sofort stoppen solle, und hatten Schimpfworte auf Lager, die mir noch aus der Erinnerung heraus die violette

Schamröte ins Gesicht treiben. Über die Sprechanlage verbat sich Wolfgang das Benehmen und forderte Ruhe.

Die folgende Szene nahm ich wie in Zeitlupe wahr: Plötzlich stürmte einer der höchstens 13 Jahre alten Jungen nach vorn, riss einen Totschläger aus der Tasche und prügelte auf Wolfgang ein. Ich war wie gelähmt, sah die Brille durch den Bus fliegen und seine blutige Nase. Dann war es vorbei. Wolfgang hatte mitten auf der vierspurigen Bornumer Straße gehalten und die Tür geöffnet. Die Jugendlichen stürmten aus dem Bus und verschwanden. Die Leitstelle der Üstra forderte die Polizei an. Langsam wich meine Starre. Unsere „Jungfernfahrt" hatte einen üblen Ausgang genommen. „Zweimal innerhalb weniger Wochen habe ich um mein Leben fürchten müssen", sagte Wolfgang später, nachdem wir den Schrecken des Überfalls halbwegs überwunden hatten. „Und es ist nicht sicher, ob ich nicht doch noch an der Krebserkrankung sterbe. Ich möchte, dass du ganz schnell meine Frau wirst."

An seinem 41. Geburtstag, am 20. Juni 1995, habe ich „Ja" gesagt. Es war mir klar, dass ich nicht nur einen Mann, sondern gleich eine ganze Familie heiratete. Die Hochzeit fand im November statt. Aber die Achterbahn der Gefühle, die wir in diesem ersten Jahr durchlebten, war noch nicht zu Ende.

Auf „Glück in der Liebe" folgte „Glück im Spiel". Wolfgang gewann im Lotto. Der Geldbetrag war

Dagmar Seidel-Raschke und Wolfgang Raschke

Wohnort: Pattensen
Alter: 59 und 60 Jahre
Verheiratet seit: 1995
Gemeinsamkeiten: Tierliebhaber, Zeit mit Familie und
Freunden verbringen, Schrebergarten

bescheiden und überschaubar, aber er erleichterte den Einstieg in unser gemeinsames neues Leben und war Grundstein für ein kleines Reihenhäuschen, das wir 1996 in Pattensen, der Geburtsstadt meines Mannes, erwarben. Wie in jeder Ehe und Familie gab es harmonische Stunden und die kleinen bis mittleren Katastrophen. Wir haben alle gemeistert. Bis heute sind wir hier glücklich. Die Kinder sind inzwischen erwachsen und haben das Haus längst verlassen. Gesellschaft leisten uns zwei Hunde und drei Katzen.

An den Beginn unserer Liebe erinnern uns die im Haus dekorierten Hühner aus Glas, Porzellan, Keramik und Ton. Besonderer Hingucker sind zwei Acrylgemälde in unserer kleinen Küche, die einen Hühnerhof darstellen. Die Bilder bekamen wir 2012 von meiner Freundin Johanna zu Weihnachten geschenkt. Johanna kann wunderbar mit Farbe und Pinsel umgehen. „Eure Liebesgeschichte ist so unglaublich", meinte sie an jenem Weihnachtsabend, „da lachen nicht nur die Hühner, sondern da lacht auch das Herz."

Dagmar Seidel-Raschke und ihr Mann Wolfang Raschke hatten keinen einfachen Beziehungsstart und haben trotzdem alles gemeistert.

Die Bettgeschichte

Carola Duis' Verehrer wartet auf den richtigen Moment

Es begann 1989 im Juni. Nach Poliolähmung 1952 war mein linker Arm durch ständige Überforderung so geschwächt, dass Herr Dukneite (sozialer Dienst Annastift) mir empfahl, den Haustechniker Duis vorbeisehen zu lassen, damit er mir an mein Schrankbett einen Motor baut. So schaffte ich es nicht mehr, das Bett in den Schrank zu hieven. Herr Duis nahm sich die Zeit und stellte seine Berechnungen an. Die Katze Schniefke sah genau zu und schien ihn zu mögen. Herr Duis besuchte die Messe, erkundigte sich

Carola und Ulli Duis leben paradiesisch am See.

nach Hydraulikmotoren. Der Kostenträger wurde gesucht – es lief nicht wie geplant. So kam Herr Duis erneut zu mir. Diesmal nicht im „Blaumann", sondern in Zivil – so hatte ich ihn noch nie gesehen. Wo wir doch beide im Annastift angestellt waren. Ja, er sah gut aus und er wollte noch einmal das Bett vermessen. Das wäre noch etwas unklar. Das war am 19. Oktober. Ich bot Kaffee an. Noch eine Kanne voll und noch eine, dann musste ich eine Verabredung mit einer meiner Kolleginnen aus der Buchhaltung um eine Stunde nach hinten verschieben. Doch als auch die um war, sagte ich zu Herrn Duis: „Entweder Sie fahren jetzt nach Hause – oder Sie kommen mit zu meiner Verabredung." Herrje – da sagte er glatt: „Dann komm ich mit." Na, das kann ja was werden! Zu einem Frauentreff einen Mann mitbringen – da werde ich ja eine Ansage bekommen am nächsten Tag, dachte ich. Nun war's gesagt, und wir gingen los. Unterwegs fragte Herr Duis, ob er den Arm um mich legen dürfte. „Ja", sagte ich und empfand es wie eine Transfusion. So viel Wärme und Zuneigung!

Unser Treffen im Mövenpick verlief harmonisch. Herr Duis ist ein charmanter Unterhalter und brachte uns Frauen zum Lachen. Es war einfach nur schön! Der Heimweg konnte gar nicht lang genug sein. Wir gingen zu Fuß. Warteten an jeder Ampel auf Grün, auch wenn kein Auto mehr fuhr. Schöner kann ein Abend nicht sein mit Gute-Nacht-Kuss vor der Haustür.

Carola und Ulli Duis

Wohnort: Uetze
Alter: 63 und 81 Jahre
Verheiratet seit: 2004
Gemeinsamkeiten: Malerei, Kunst, 900 Quadratmeter
großer Garten, Boot fahren, Archäologie

Meine Kollegin Brigitte meinte am nächsten Morgen: „ Du, euch könnte ich mir als Paar vorstellen!" „Ja", grinste ich, „das haben wir gestern Abend auch gecheckt." Dabei hätte es fast zehn Jahre eher schon beginnen können. Da lud mich Herr Duis – in unserer Firma – zum Essen ein. Doch ich war nicht frei. Lehnte ab, und er dachte, ich mag ihn nicht. Durch die „Bettgeschichte" hatte er nun realisiert, dass ich ein Vierteljahr wieder solo war, so startete er den zweiten Versuch. Erzählte von seinem Haus am See, seinen Booten und den vielen Tieren. Kleine Enten, die auf seinem Grundstück brüten, und vom Schwan, der ihm im Winter ein Stück Brot aus der Hand riss. Er war mit dem Neubau beschäftigt und sah den weißen Schwan im Schnee nicht.

Ich dachte nur – und so einer ist allein? Stimmt das alles? Ja, es stimmte, und zwei Monate später zog ich bei ihm ein, und wir feierten unser erstes Weihnachten zusammen. Im Frühjahr blühten über 100 Tulpen unter dem Bürohochhaus, wo sonst nur Hecken standen. Die Buchhaltung war in der dritten Etage und mein Büro in Sichtrichtung dieser Blütenpracht. Da kam mein Ulli und sagte: „Die habe ich für dich erblühen lassen, alle im Herbst für dich gepflanzt und nichts verraten. Kannst sie auch pflücken und auf deinen Schreibtisch stellen. Es sind alles deine!"

Morgens brachte er mir Tee und Gebäck ans Bett, kochte und backte auch noch ausgezeichnet und gerne, und heute stehen Hunderte von Tulpen in unserem Garten. Der Garten wird liebevoll von Ulli gepflegt, und unser Leben ist paradiesisch hier in Uetze am Spreewaldsee. Nach 16 Jahren heirateten wir in Weinhausen und gestalten unser Rentnerleben voller Elan und Freude, als Künstlerehepaar. Wir malen beide Ölbilder und nehmen die Natur hier oft als Motiv. Doch auch das Meer ist gerade unser Thema. Ulli ist gebürtiger Ostfriese, und so müssen Wasser und Schiffe natürlich in seinem Leben einen Platz haben, genau wie seine geliebte Pfeife.

Neue Lebensgeister

In einer schweren Krise trifft Michaela Niemann ihren Dirk

Ich traf ihn im Juni 1993. In Wennigsen am Deister bei Hannover fand das traditionelle Historische Freischießen statt. Ein Volksfest, das vier Tage lang gefeiert wird und sich alle drei Jahre wiederholt.

Ich wohnte damals in Hannover-Vahrenwald in einer kleinen, aber feinen Zweizimmerwohnung. Mit Wennigsen hatte ich nicht viel am Hut, war halt so ein „Dorf" am Fuße des Deisters. Ich war eine typische Stadtpflanze, in Hannover geboren und aufgewachsen. Ich war mir sicher, dass es immer mein Lebensmittelpunkt bleiben würde.

Meine Tante und mein Onkel wohnten jedoch in Wennigsen und luden mich ein, diesem Festspektakel beizuwohnen und es live mitzuerleben. Ich hatte zu diesem Zeitpunkt eine sehr schwere Lebenskrise. Ich war mit 24 Jahren bereits Witwe. Mein damaliger Ehemann verunglückte 1992 bei einem Verkehrsunfall, nur zwölf Wochen nach unserer Hochzeit. Es war meine ganz große Jugendliebe. Zehn Jahre lang waren wir ein Paar, und die Hochzeit sollte die Krönung unserer Liebe sein. Doch das Schicksal hielt einen anderen Plan für mich bereit.

So fand ich mich in Wennigsen auf dem hiesigen Schützenplatz im Bierzelt wieder und musste lauter gut gelaunte, feiernde, fröhliche, tanzende und auch angetrunkene Menschen um mich herum ertragen. Zu diesem Zeitpunkt war es für mich aber unerträglich. Ich wollte das Fest schon wieder verlassen, da sah ich ihn. Er stand am Biertresen, unterhielt sich und lächelte in die Menschenmenge. Und dieses Lächeln hatte mich sofort verzaubert. Mein Herzschlag wurde schneller, und ich hatte ein Kribbeln im Bauch. Ich war über meine Reaktion so erschrocken, dass ich Angst bekam. Einige Stunden zuvor hatte ich meiner Tante noch erzählt, dass ich mir einen „neuen" Mann an meiner Seite überhaupt nicht vorstellen könnte.

Meine Tante Ute merkte trotz der vielen Menschen um uns herum, dass meine Lebensgeister geweckt wurden, und arrangierte, dass der schöne Unbekannte sich zu uns an den Tisch gesellte. Der Vorteil war nämlich – sie kannte ihn –, er trainierte unter anderem die Tennismannschaft meines Onkels. Wir wurden vorgestellt, und ich erfuhr, dass sein Name Dirk war. Er war groß, kräftig, hatte braune Augen und, wie gesagt, ein umwerfendes Lächeln.

Tja, da saßen wir uns gegenüber, jeder mit einem Glas Bier in der Hand und ziemlich unbeholfen. Verzweifelt suchte ich nach einem Thema, worüber wir uns unterhalten könnten. Ich bat ihn, mir zu erklären, welche Tradition das Historische Freischießen hat, und wollte mehr über die Historie wissen.

Strahlen übers ganze Gesicht: Michaela und Dirk Niemann heiraten ein Jahr nach ihrem Kennenlernen.

Ich meine mich heute noch erinnern zu können, dass er mich gefühlte zwei bis drei Stunden über die Entstehungsgeschichte aufklärte. Es war mir alles egal, er sollte nur in meiner Nähe bleiben. Die Musik dröhnte durch das Festzelt, und langsam bekam ich Lust zum Tanzen. Als ob er es gespürt hätte, forderte mich Dirk zum Tanzen auf. Leider zum falschen Lied. Der Diskjockey legte „Er gehört zu mir" von Marianne Rosenberg auf. Zu diesem Lied hatten mein verstorbener Mann Tobias und ich auf unserer Hochzeit getanzt. Es war unser Eröffnungstanz!

Dirk spürte sofort, dass etwas nicht stimmte, und wir verließen gemeinsam das Zelt. Es war eine warme und sternenklare Nacht. Wir schlenderten einen Feldweg entlang. Und dann kam die Frage, die ich befürchtet hatte. „Hast du einen Freund?", fragte Dirk mich. „Nein", antwortete ich ziemlich schnell, „ich hatte einen Ehemann." „Ach, du bist geschieden?", fragte Dirk. „Nein, ich bin Witwe", antwortete ich wieder. Es war schon ziemlich dunkel, aber sein erschrockenes Gesicht konnte ich trotzdem erkennen. Wir schwiegen und gingen schon wieder in Richtung Festzelt, da fasste mich Dirk am Arm, zog mich zu sich heran und küsste mich. Ich ließ es geschehen und viel schlimmer noch, ich genoss es sogar. Tja, was soll ich sagen? Ab diesem Abend waren wir ein Paar.

Michaela und Dirk Niemann

Wohnort: Wennigsen
Alter: 45 und 50 Jahre
Verheiratet seit: 1994
Gemeinsamkeiten: zwei Kinder, Ski fahren, Tennis,
Nordsee-Fans, guten Wein genießen

Dirk hatte in den kommenden Monaten sehr viel Geduld, Feingefühl und Umsicht bewiesen. Er musste sich gegen die Anfeindungen meiner damaligen Schwiegereltern durchsetzten, war der Neugier meiner Freunde, der Skepsis meiner Eltern und meiner großen Unsicherheit ausgesetzt. Oftmals habe ich gedacht, wenn er dich jetzt verlässt, könnte ich das sogar verstehen. Aber nein, schon nach drei Wochen machte er mir einen Heiratsantrag, ganz romantisch bei Freunden, die gerade ihre Hochzeit feierten. Die Hochzeitsfeier fand in Garbsen am Blauen See statt. Und an diesem besagten See kniete er plötzlich vor mir nieder, um mir die Frage aller Fragen zu stellen.

Ein Jahr später, wieder im Juni, feierten wir unsere Hochzeit im Restaurant Marmite in Barsinghausen. Mittlerweile war ich – die Stadtpflanze – nach Wennigsen gezogen. Ich hatte meine Zelte in Hannover abgebrochen. Ich wollte diesen Neuanfang unbedingt. Am 17. Juni 1994, dem Tag unserer Eheschließung, war ich bereits im sechsten Monat schwanger. Im Oktober wurde unser erstes Kind geboren. Ein Sohn, sein Name ist Niklas. Dreieinhalb Jahre später wurde unsere Tochter Alicia geboren, und unser Glück war perfekt.

Ich habe ein tolles Leben, und manchmal denke ich, das Schicksal hat es doch gut mit mir gemeint. Das Historische Freischießen wird für Dirk und mich immer ein ganz besonderes Fest bleiben, denn eigentlich ist es ja unser Fest!

Fernliebe

H oder HH?

Fernbeziehungen sind glücklich, beweist Sabine Friebe

Eigentlich begann alles im August 2000. Ich bezog meine Eigentumswohnung, und fast zeitgleich begann mein neuer Job bei einem niedersächsischen Ministerium in Hannover. Meine Freunde unkten schon – nun fehlt nur noch ein Mann. Anfang April 2001 bekam ich von einer Kollegin die Einladung zu einer Wanderung am Steinhuder Meer. Es war Freitag, der 13.! Unter den Teilnehmern war ein gut aussehender Hamburger dabei, der

Zwölf Jahre Wochenendbeziehung haben Sabine Friebe und Peter Koslowksi problemlos gemeistert.

(HAZ)

SONNABEND, 23. FEBRUAR 2013

Der Liebe wegen verlasse ich Langenhagen
– mein neuer Lebensmittelpunkt wird Hamburg sein

Ich verabschiede mich von meinen Verwandten, Freunden, Bekannten, Nachbarn, Kolleginnen vom MW und ANA, Ärzten mit Team, der Ü 25 vom SCL, den Wanderfreunden aus H und Umland und meinem Krähenwinkel.

„In Hamburg sagt man tschüss, das heißt auf Wiedersehn ..."

Sabine Friebe, geb. Behrens
Langenhagen im Februar 2013

mich mit seiner lockeren und interessanten Art doch sehr beeindruckte. Wir verguckten uns ineinander. Das war alles nicht geplant – wer wollte in unserem Alter, wir waren 51 und 54 Jahre alt, noch eine Fernbeziehung eingehen? Aber unsere Liebe siegte, und eine Wochenendbeziehung zwischen Hannover und Hamburg begann. Denn keiner von uns beiden war bereit, seinen guten Job aufzugeben. Auch Familienplanung kam nicht mehr infrage, denn unsere Kinder waren erwachsen, Peter war sogar dreifacher Großvater. So pendelten wir am Wochenende mit dem ICE zwischen Hamburg und Hannover. Einmal im Monat gaben wir uns eine Auszeit, auch das musste sein. Dann wurde geputzt und gewienert, denn an den gemeinsamen Wochenenden war dafür keine Zeit. Es wurden zwölf aufregende und schöne Jahre, verbunden mit vielen Feiern und Festen, mit schönen Urlauben, Besuchen von Verwandten und Freunden in Hannover und Hamburg. Man lernte sich kennen! Im November 2011 begann für meinen Hamburger die Rentenfreizeit, und im Mai 2012 startete ich in meine aktive Altersteilzeit. Wieder begann für uns beide ein neuer Lebensabschnitt. Nach reiflicher Überlegung und in Gedanken all die Jahre durchgespielt, packte ich dann im Februar 2013 meine Siebensachen und zog nach Hamburg. Hier wartete ein liebenswerter Mann auf mich. Jetzt können wir sie endlich genießen – unsere Zweisamkeit im Alltag!

Fazit: Zwölf Jahre Wochenendbeziehung, wir sind stolz und glücklich, dass wir das geschafft haben. Der Einsatz hat sich gelohnt – bis heute.

Sabine Friebe und Peter Koslowski

Wohnort: Hamburg
Alter: 64 und 67 Jahre
Zusammenlebend seit: 2013
Gemeinsamkeiten: ausgedehnte Radtouren, Wandern, Langlauf und
gemeinsames „Buddeln" im Garten

Fast fünf vor zwölf

Sabine Hansen und Wolfgang Hirtler überwinden schnell Distanz

E r, 55, 1,85, Nichtraucher, an kulturellen und anderen Dingen des Lebens interessiert, sucht liebevolle Partnerin zum Lachen und Glücklichsein." Eigentlich suchte ich nur nach einer netten Begleitung zu kulturellen Veranstaltungen und fand diese Kontaktanzeige in der HAZ im März 2011 auf Anhieb so sympathisch, dass ich antwortete. Schon nach unserem ersten Telefonat hatte ich Schmetterlinge im Bauch. Wir stellten fest, wie viele Gemeinsamkeiten wir haben. Er hatte eine schwere Zeit hinter sich, seine lang-

*Herz an Herz, Ton in Ton: Sabine Hansen und Wolfgang Hirtler
singen leidenschaftlich gern im Chor und spielen Klavier.*

jährige Freundin bis zu ihrem Tod gepflegt, und ich hatte die Trennung von meinem Ehemann hinter mir. Erzählte mir Wolfgang, dass er Klavier spielt, sagte ich in dem Moment: „Ich auch!" Erzählte ich ihm, dass ich in einem Chor singe, sagte Wolfgang: „Ich auch!" Und so ging das in einem fort hin und her. Da mussten wir uns doch unbedingt kennenlernen!

Er wohnte aber in Springe, ich in Burgdorf und beide kein Auto! Außerdem musste Wolfgang sehr intensiv mit seinem Chor proben, und mir stand ein Auftritt mit der Burgdorfer Kantorei bevor! Also mussten wir uns mit weiteren Telefonaten und vielen Briefen drei Wochen lang behelfen.

Am 26. März 2011 war es endlich so weit. Wolfgang besuchte mich in Burgdorf. Mein erster Gedanke: Was für ein gut aussehender und stattlicher Herr! Nach einem romantischen Essen im „Schwarzen Herzog" in Burgdorf und einem kleinen Privatkonzert meines Chores war es um uns geschehen. Wir trafen uns regelmäßig an den Wochenenden, aber eine Beziehung auf Distanz wollten wir nicht führen. Wolfgang verlegte schon vier Monate nach unserem Kennenlernen seinen Lebensmittelpunkt nach Burgdorf. Diese Entscheidung machte er fast „fünf vor zwölf", denn er hatte bereits in Springe eine neue Wohnung gemietet und sogar schon die Küche bestellt. Aber da es hier um einen „Notfall" ging, konnte er den Mietvertrag rückgängig machen. Die neue Küche wurde in der Wohnung in Burgdorf eingepasst. Wie diese Küche, passen auch wir zusammen.

Sabine Hansen und Wolfgang Hirtler

Wohnort: Burgdorf
Alter: 52 und 59 Jahre
Verlobt seit: 2012
Gemeinsamkeiten: Klavier, im Chor singen, Malerei und
ehrenamtlich tätig sein

Zweimal Nein gesagt

Constanze Wolf wollte nicht heiraten, jedenfalls nicht so schnell

Es begann 1994 mit einer Wohnungsnot. Ich arbeitete bei einer Leipziger Zeitung, bei der eine Studentin aus Hannover ein Praktikum machen wollte und kurzfristig ein Quartier brauchte. Ich bot ihr ein Zimmer in meiner Wohnung an. Ihr Freund aus Lüneburg kam in dieser Zeit mehrfach zu Besuch und lud mich zu seiner Geburtstagsparty ein. Ich freute mich darauf, eine schöne Stadt kennenzulernen, Leute zu treffen und zu feiern. Auch Ronald, ein guter Freund aus Hannover, war eingeladen. Auf der ausgelassenen Feier kamen wir uns näher. Eine Partybekanntschaft, eine nette Begegnung, an die ich mich gern erinnern würde. Am nächsten Tag würde ich wieder nach Leipzig fahren, zu meinem zehnjährigen Sohn, meinem Job, meinem Leben – so dachte ich anfangs. Wir könnten mit dem Auto gemeinsam nach Hannover fahren, schlug Ronald am Tag danach vor. Nach kurzer Stippvisite in seiner Wohnung, die er mir unbedingt zeigen wollte, saßen wir wenig später im Biergarten „Dornröschen" an der Leine, bei Brause und Kirschkuchen und redeten lange. Beim Abschied am Bahnhof fragte Ronald nach meiner Telefonnummer. Ich überlegte: Warum nicht ab und an ein nettes Treffen, mal hier, mal da. Denn eine feste Beziehung kam zu dem Zeitpunkt in meinem Kopf überhaupt nicht vor. Ich gab ihm meine Nummer und stieg in den Zug nach Leipzig. Drei Tage später sein Anruf, bei dem er verkündete: „Ich möchte am Wochenende zu dir kommen!" Da spürte ich schon Kribbeln im Bauch. Meinen Sohn – von dem Ronald bereits wusste – wollte ich aber außen vor lassen. Aber es kam, wie das manchmal ist bei Alleinerziehenden: Ich fand so schnell keine Betreuung für Felix. Und ich wusste nicht, wann ich an dem Freitag Feierabend machen konnte. Also habe ich Felix ein Foto, das Ronald eiligst geschickt hatte, gezeigt und gesagt: „Den darfst du reinlassen – sonst keinen!" Ich musste tatsächlich lange arbeiten. Zu Hause angekommen, sah ich als Erstes eine riesige Reisetasche im Flur. Im Wohnzimmer führten Ronald und Felix schon ein munteres „Männergespräch". Ronald hatte auch einen großen Strauß Rosen mitgebracht. Und für Felix ganz bewusst nichts. Ein Kind mit einem Geschenk für sich einnehmen, das wollte er nicht. Trotzdem, oder vielleicht gerade deshalb, verstanden sich die beiden sofort. Manchmal war ich fast abgemeldet an diesem Wochenende. Aber ich freute mich, dass sich alles so gut anfühlte. Die geplante Abreise verschob sich dann um fast eine Woche – auf Wunsch von allen dreien. Diese „Partybekanntschaft" hatte – auch bei Lichte betrachtet – eine ganz neue Dimension bekommen.

Wir pendelten, verbrachten mal ein Wochenende in Leipzig, dann wieder eins in Hannover. Doch mit Kind und zwei gescheiterten Ehen war ich eher vorsichtig und zurückhaltend, was eine Beziehung betraf. Schon vier Monate nach unserem Kennenlernen fragte mich Ronald plötzlich, ob ich ihn heiraten möchte. Ich war erschrocken, sagte sofort „Nein" und erklärte: Nach so kurzer Zeit ginge das nicht. Er hat das wohl verstanden. Ein Jahr später, beim zweiten Antrag, hat ihn mein „Nein" schwer getroffen – wie er sehr viel später erzählte. Wir pendelten damals immer noch. Ich wollte erst einen Job in Hannover haben, bevor ein Umzug infrage kam – so mein „Beziehungs-Plan". Nur gut, dass Ronald bei alledem unsere Beziehung nie infrage stellte. Ein drittes Mal fragte er nicht, nicht in den drei Jahren, die wir, nach zwei Jahren Pendelei, zu dritt in Ronalds Lindener Wohnung wohnten. Er fragte nicht nach dem Umzug in unser gemeinsam gekauftes Haus. Und er fragte auch nicht, als Felix, mittlerweile 20 Jahre, ausgezogen war und wir nun zu zweit lebten.

Wir hatten zwischenzeitlich Krisen gemeistert. Das Verhältnis von Ronald und Felix war immer bestens. Mit Felix leiblichem Vater und dessen neuer Familie sind wir befreundet. Ich hatte nach etlichen Jahren auch das Liebenswerte an Hannover entdeckt. In der ersten Zeit mochte ich die Stadt nicht besonders. Und auch das Naturell der Niedersachsen war für mich gewöhnungsbedürftig. Alles war also in Ordnung, so wie es war. Im Frühsommer 2007 lernten wir beim Mallorca-Urlaub ein Paar kennen, das kürzlich auf der Insel geheiratet hatte. „Ihr seid so ein tolles Paar! – warum seid ihr nicht verheiratet?", fragten sie uns eines Abends. Ronald antwortete: „Heiraten? Das ist für mich kein Thema mehr." Was die drei nicht wussten: Ich hatte längst meinen Heiratsantrag geplant – zu seinem 50. Geburtstag. Nach dem Satz stand ich unter Schock, sagte, mir sei vom Wein plötzlich schlecht, und wankte wie benommen ins Hotel. In den dann folgenden neun schlaflosen Nächten bis zum Geburtstag grübelte ich, ob ich diesen Antrag wirklich machen sollte.

Am Vorabend des Geburtstags lockte ein Freund Ronald aus dem Haus. So konnte ich mit Felix im Garten alles vorbereiten: roter Teppich, 50 Rosen,

Constanze Wolf und Ronald Kietzmann waren lange ein Paar, bevor sie geheiratet haben.

ein Herz aus 100 roten Luftballons, Illumination, kleines Feuerwerk…. Als Ronald um Mitternacht in den Garten trat, ahnte er, dass dies wohl nicht nur eine Gratulation zum 50. wird. Ich hatte meinen Antrag in einem mehrseitigen handgeschriebenen Brief formuliert. Ich stand also da, ein Glas Champagner in der Hand und starrte gebannt auf den lesenden Mann. Später sagt Ronald, er habe schon auf Seite zwei gewusst, dass auf der vierten ein Antrag kommen würde. Doch er las bis zum Schluss – eine Ewigkeit. Dann sagte er: „Ja – ich will!" Der Moment ist auf einem Foto festgehalten – mit zwei Menschen, die strahlen. Vier Monate später feierten wir unsere Hochzeit bei Sonnenschein, so wie wir sie wollten: mit Trauung in der Orangerie in Herrenhausen und mit einer Feier im Berggasthaus Niedersachsen. Für manche war das nach gut 13 Jahren Beziehung vielleicht nur eine Formalität, für mich fühlte es sich nun genau richtig an. Ich war endlich an der Stelle, wo ich das noch offene Stück Verantwortung auch nach außen dokumentieren wollte.

Constanze Wolf und Ronald Kietzmann

Wohnort: Hannover
Alter: beide 57 Jahre
Verheiratet seit: 2007
Gemeinsamkeiten: gesellig, unternehmungslustig und
kunstinteressiert

Kavalier mit Veilchen

Babette Reineke schlägt Verehrer in die Flucht

E s war im Mai 1954, zur schönen Frühlingszeit. Nein, nicht im sonnigen Sorrent, sondern im Thüringerland. Ich war 22 Jahre alt und längst nicht mehr dort daheim, eben eine Besucherin aus dem „goldenen Westen". Schön war es, wieder einmal in der Familie zu sein, wenn auch in der Wiedersehensfreude schon der Abschiedsschmerz lauerte. Ein Trauerkloß war ich trotzdem nicht und ging natürlich auch tanzen. Was übrigens meine große Leidenschaft war. Eigentlich bis heute, allerdings beschränkt diese sich nunmehr auf gelegentliche „Solos" zur Radiomusik in meiner Küche.

Kurz und gut: Ich war eine gefragte Tänzerin. Klar, dass man da so seine Männerstudien machen konnte! Zu jener Zeit auch die einzige Gelegenheit , mit dem starken Geschlecht auf Tuchfühlung gehen zu können! Natürlich gab es ab und zu auch mal männlichen Geleitschutz auf dem Nachhau-

Babette Reineke und Hans-Herbert

Wohnort: Hannover
Alter: 82 Jahre

seweg. Am liebsten ging ich jedoch mit Freundinnen. Doch die wurden immer weniger, weil verliebt, verlobt oder verheiratet.

Hans-Herbert, ein blonder Hüne, war an jenem Abend der Glückliche, der mich nach Hause bringen durfte. Bis zur Haustür, danach war „Sperrgebiet". So streng waren damals die Bräuche! Nur dass ich mich so vehement gegen einen Kuss sperrte, hatte mein Kavalier sich wohl nicht träumen lassen. Aber nicht mit mir und noch dazu bei der erstbesten Gelegenheit! Ich hatte ihn ja auch nur abwehren wollen, doch er beugte sich so intensiv über mich, dass meine Linke glatt in sein Auge traf. Pech nur, dass ich meinen massiven silbernen Siegelring trug! Er selbst trug es mit Fassung und ich verschwand – ohne Hans-Herbert noch eines Blickes zu würdigen – hinter unserer Haustür.

Der Tag meiner Abreise stand an. Die Aufenthaltsgenehmigung war abgelaufen und der Heimaturlaub zu Ende. Frühlingsgefühle hin, Frühlingsgefühle her, das kümmerte die Hüter der Grenze, die mitten durch das Land

Babette Reineke hat ihre Liebe aus jungen Jahren gut in Erinnerung behalten.
Sie hat ihn beim Tanzen kennengelernt.

und durch unsere Herzen ging, herzlich wenig. Ich hatte also den Abschied mit der Familie hinter mir und blinzelte – tränenden Auges – hinaus, in die vorübergleitende Landschaft. Ade lieb Heimatland, ade! Da plötzlich stand – wie aus dem Boden gewachsen – ein junger Mann vor mir und drückte mir ein Päckchen in die Hand. Ich war völlig überrascht und verheult, sodass ich ihn nicht gleich erkannte. Erst als er stotterte: „Du hast mir eins geschenkt, und ich schenk dir ein Sträußchen!" Da fiel es mir wie Schuppen von den Augen, und ich entdeckte das blitzeblaue Veilchen unter seinem rechten Auge. Dann erst den duftenden Veilchenstrauß auf der verpackten Thüringer „Bradewurscht". Da brat mir doch einer ne solche: Es war Hans-Herbert, und ich war baff! Er fuhr bis zur Sperrzone mit, da musste er raus. Natürlich mit einem dicken Abschiedskuss, oder waren es mehrere? Samt meiner Adresse im Gepäck! Lange Zeit noch flogen die schönsten Liebesbriefe hin und her, über alle Grenzen hinweg. Und glaubt es mir, nur weil ich nicht mehr für immer „nüber" wollte und er – von Amtes wegen – nicht „rüber" durfte, gab es kein Happy End.

Auf nach Kanada!

Ellen Rosilius stellte Traummann ein Ultimatum

Sottrum bei Hildesheim, 1951: Ich war 13 Jahre alt, als ich mich Hals über Kopf verliebte. Mein Bruder war Mannschaftsführer der örtlichen Tischtennistruppe. Auf dem Tisch lagen die Spielerpässe. Ein Bild hatte es mir angetan. Mein Auserwählter sah aus wie Silvio Francesco*, war vier Jahre älter als ich und wohnte im Nachbardorf Holle. Ich trat in den Verein ein, behielt aber den Grund dafür für mich. Das Flüchtlingskind aus Stettin musste allerdings allerhand anstellen, um sich bei Reinhard, dem Sohn einer alteingesessenen Holler Familie, bemerkbar zu machen.

Für die Ausbildung in einer Haustöchterschule musste ich mit 15 nach Hannover ziehen. Reinhard studierte Gebrauchsgrafik in Hildesheim. Seine Eltern und Brüder waren in der Zwischenzeit nach Kanada ausgewandert und bauten sich in der Provinz Quebec eine neue Existenz auf. Ich erfuhr, dass er sein Studium abbrechen und ebenfalls übersiedeln sollte. Beim Umsteigen in Hannover verabschiedeten wir uns voneinander auf dem Bahnhof. Er versprach zu schreiben, tat es aber nicht. Ich gab nicht auf, brachte von Freunden in Holle seine Adresse in Erfahrung und übernahm die Initiative. Zu seinem Geburtstag schrieb ich ihm und erinnerte an sein Versprechen. Ein neun Seiten langer Brief kam zurück. Er war der Auftakt zu einem regen Briefwechsel über drei Jahre, während dem wir uns immer näherkamen.

In der Zwischenzeit hatte ich in Hannover einen jungen Mann kennengelernt und fragte mich, ob eine gemeinsame Zukunft mit jemandem am anderen Ende der Welt überhaupt möglich sein könnte. Schließlich schrieb ich Reinhard und stellte ein Ultimatum: Wenn er mich nicht bis zum 15. Oktober besuchen würde, würde ich die Brieffreundschaft beenden.

italienischer Unterhaltungskünstler und Sänger,
Bruder von Caterina Valente

Mit einem üppigen Blumenstrauß aus Amsterdam landete Reinhard am letzten Tag des Ultimatums pünktlich auf dem Flugplatz in Langenhagen. Er hatte zehn Tage Urlaub, während denen wir unsere Verlobung feierten. Reinhard wollte in Kanada nur noch einige Dinge erledigen und nach spätestens einem Jahr zurück nach Deutschland kommen.

Es kam anders: Ich beendete meine Lehre als Anwaltsgehilfin und beschloss, nach Kanada auszuwandern. Meine Eltern wollten ihre einzige Tochter natürlich nicht verlieren und haben meine Pläne strikt abgelehnt. Ich war erst 18 und brauchte ihre Zustimmung. Mit vielen Tränen erkämpfte ich ihre Einwilligung unter der Bedingung, dass Reinhard das Geld für meine Rückreise bei ihnen hinterlegte – und wir irgendwann gemeinsam wieder nach Deutschland kommen würden.

Zu ihrer goldenen Hochzeit bekamen Ellen und Reinhard Rosilius endlich den Trauspruch, den sie bei ihrer Heirat vermissten.

Meine Aussteuer passte in zwei Koffer, mit denen ich per Schiff nach Quebec reiste. Reinhard erwartete mich bereits. Von dort fuhren wir einen langen Tag durch die sehr dünn besiedelte Gegend nach Val d'Or in den äußersten Norden der Provinz Quebec. Jetzt wurde es aufregend, denn es war alles neu. Unter anderem lernte ich erst jetzt Reinhards Eltern und seine drei Brüder kennen und natürlich den Freundeskreis in Val d'Or. Aus Kostengründen bekamen wir anstelle der geplanten Wohnung im Ort eine Wohnung im Haus von Reinhards Eltern. Bad und Toilette wurden geteilt.

Meine Einreisegenehmigung von den kanadischen Behörden war an die Auflage gebunden, dass wir innerhalb eines Monats heiraten würden. Es gab also kein Zurück, kein noch mal Überlegen, das war „Augen zu und durch". Unsere Hochzeit wurde zu Hause gefeiert. Ich musste alle Vorbereitungen selbst treffen. Backen und Kochen nahm so viel Zeit in Anspruch, dass ich gar nicht zur Besinnung kam. Doch je näher das Fest kam, desto mehr vermisste ich meine Familie.

Die Trauung fand in Englisch statt. Ich sprach dem Pastor das Traugelöbnis nach Gehör nach und hatte keine Ahnung, was ich da eigentlich sagte. Einen Trauspruch, wie in Deutschland üblich, gab es nicht. Nach der Hochzeit war das Haus voller fremder Menschen. Total übermüdet rückten wir schließlich aus in ein Hotel.

Ellen und Reinhard Rosilius

Wohnort: Hannover-Misburg
Alter: 76 und 80 Jahre
Verheiratet seit: 1957
Gemeinsamkeiten: zwei Söhne, drei Enkel, Tischtennis,
Plattdeutsch, Walken, Kochen

Ich nahm mir vor, wenn wir es bis zur goldenen Hochzeit schaffen, dann würden wir es richtig krachen lassen.

Gott sei Dank waren wir sehr verliebt. Das machte den Alltag leichter, der nun folgte. Gleich zu Beginn unserer Ehe wurde Reinhard von seinem Arbeitgeber für einige Wochen zur Arbeit in den kanadischen Busch geschickt. Ich blieb allein zurück und war froh, dass ich mich sehr gut mit meinen Schwiegereltern verstand. In der Familie wurde vorwiegend deutsch gesprochen. Wichtig war nun ganz besonders, Englisch zu lernen. Nachdem Reinhard aus dem Busch zurückkam, gingen wir oft ins Kino. Mithilfe von Reinhards Simultanübersetzung wurde das Englischlernen leichter. Außerdem fand ich Arbeit als Haushaltshilfe bei einer älteren Dame.

Unsere beiden Söhne sind in Kanada zur Welt gekommen. 1961, als Bernd ein halbes Jahr alt war, lösten wir das Versprechen ein, das ich meinen Eltern gegeben hatte, und kamen nach Deutschland zurück und begannen in Hannover wieder ein neues Leben als Familie, zunächst bei meinen Eltern in der Gretchenstraße, später verwirklichten wir unseren Traum vom eigenen Haus in Misburg.

Unseren Plan, die goldene Hochzeit richtig zu feiern, haben wir übrigens nach allen Regeln der Kunst durchgezogen. In der Markuskirche erneuerten wir nach 50 Jahren unser Eheversprechen, und dieses Mal bekamen wir auch einen Trauspruch mit auf den Weg. Mit Freunden und Verwandten feierten wir ein rauschendes Fest bis spät in die Nacht.

Es bestätigte sich, dass meine Entscheidung, die ich mit 13 Jahren getroffen hatte, Reinhard als meinen Traummann auszusuchen, richtig war. Wir sind uns beide einig, dass wir uns immer wieder heiraten würden.

Ein heißer Sommer

Katharina Fricke läuft auf Borkum Georg über den Weg

Katharina verlebte in Nieukerk, einem kleinen, warmen Dorf am Niederrhein, eine wunderbare Kindheit. Die Jahre in der Kriegs- und Nachkriegszeit waren für niemanden leicht. Die Lebensart der Niederrheiner half über vieles Dunkle hinweg. Das Jahr 1959 brachte große Veränderungen in das Leben von Katharina und ihrer Mutter. Sie hatten eine schöne Wohnung in Krefeld gefunden und konnten in ihre Geburtsstadt zurückkehren. Katharina hatte ihre Prüfung als Laborantin bestanden und eine Stelle an der milchwirtschaftlichen Lehr- und Untersuchungsanstalt gefunden. Ihre Mutter hatte auch beruflich Fuß gefasst. So konnten sie neu beginnen und ihr Leben aufbauen. Nach dem Umzug machte Katharina Urlaubspläne. Sie wollte zum ersten Mal alleine fahren und hatte sich die Insel Borkum ausgesucht. 1959 war ein heißer Sommer. Deshalb war die Freude groß, als die Reise am 10. August 1959 losging. Die Mutter ließ sie ungern fahren. In Borkum angekommen, fuhr man vom Hafen mit einer kleinen Eisenbahn in die Stadt. Katharina fielen die Dünen auf, die übersät waren mit wilden Rosen. Dazwischen kuschelten sich kleine Häuser, die Schutz vor dem Wind suchten. Der kleine Bahnhof lag mitten in der Stadt, quasi in der Hauptgeschäftsstraße. In dem Bahnhofsgebäude waren ein Hotel mit einem Restaurant, einige Geschäfte und das Fremdenverkehrsbüro. Dort erkundigte sich Katharina nach dem Weg zu ihrer Pension und ging dann mit großen, erwartungsvollen Augen dorthin. Vorbei an vielen Geschäften. Durch die Straße fuhren die Einheimischen und grüßten freundlich in ihrem norddeutschen Dialekt. Das Leben und Treiben erinnerte sie an Holland. Sie bezog ihr Zimmer, packte den Koffer aus und ging los, um die Insel weiter zu entdecken.

Endlich das Meer und der Strand. Welch ein Augenblick, das Meer lag vor ihr, die würzige Luft, eine leichte Brise, die Sonne, die kleine Wellen blitzen ließ, der lange Strand mit den kleinen, viereckigen Häuschen. Sie betrat die Promenade, sah das Kurhaus, den Musikpavillon, den oben auf der Kuppel eine Meerjungfrau zierte. Die Operettenmusik ließ ihr Herz höher schlagen. Sie hätte am liebsten getanzt. Dann begegnete Katharina einer jungen Frau aus Düsseldorf, die genau wie sie auf ihrem Erkundungsgang war. Sie stellten fest, dass sie in derselben Pension wohnten, und beschlossen, sich gemeinsam einen Strandkorb zu mieten. Das aufregende Strandleben machte Marianne und Katharina froh und müde.

Drei Tage vor Katharinas Abreise wollte sie in der Pension bleiben. Einfach mal alleine sein. Marianne zog ihr schönes Organdykleid (luftiges Kleid mit Petticoat) an und ging alleine ins Bahnhofsrestaurant. Gegen 22 Uhr zog ein heftiges Gewitter auf. Katharina sah im Geiste das verdorbene Kleid, nahm

Sonne, Sand, Meer und Liebe: Gisela-Katharina und Georg Fricke.

den Schirm, um sie abzuholen. Als sie das Restaurant betrat, sah sie Marianne mit einem Herrn zusammen essen. Sie schienen sich gut zu unterhalten. Sie ging fröhlich zu den beiden, sie machten sich bekannt, und ihr fiel gleich seine charmante Höflichkeit auf. Der nette Herr, Georg mit Namen, war offen, und sie kamen schnell ins Gespräch. Die kurzweilige Unterhaltung wurde gestört, als der Kellner bedeutete, das Lokal würde geschlossen.

Georg brachte die beiden zu ihrer Pension. Der Regen hatte aufgehört, die Luft war frisch und angenehm, die drei konnten sich schwer trennen. Schließlich verabredete man sich für den nächsten Abend zum Tanz in die „Bunte Tapete" – ein In-Lokal. Pünktlich um 20 Uhr holte Georg die Mädchen ab, sie gingen erwartungsvoll zum Tanzen. Marianne erkannte die Band mit ihrem Kapellmeister. Sie hatte mit der Kapelle im Düsseldorfer Karneval gefeiert. Das Wiedersehen freute die Musiker. So wurde schnell klar, dass sich der Dirigent für Marianne interessierte und heftig mit ihr flirtete. Georg und Katharina tanzten, erzählten und lachten viel. So gegen 24 Uhr meinte der Dirigent zu den beiden gewandt: „Sie beide werden heiraten." Sie schauten ihn ungläubig an. Die Sonne ging auf, als sie das Tanzlokal verließen. Natürlich gingen sie ans Meer und tauschten vorsichtig Zärtlichkeiten aus. Sie hatten sich ineinander verliebt!

Georg brachte Katharina mit der Bimmelbahn zum Schiff. Er saß am Kai und schaute traurig zum Schiff, wo Katharina ebenso ernst ihm zu-

Gisela-Katharina und Georg Fricke

Wohnort: Weetzen
Alter: 77 und 85 Jahre
Verheiratet seit: 1961
Gemeinsamkeiten: drei Kinder, vier Enkelkinder, die Jagd,
Radfahren

winkte. Neben ihr an der Reling stand eine ältere Frau. Sie sagte ganz einfach: „Sie werden diesen Mann heiraten."

In Krefeld wurde Katharina von ihrer Mutter abgeholt. Ihre erste Frage: „Hast du dich verliebt? Was ist er von Beruf?" „Ich weiß es nicht." Der Berufsalltag nahm seinen Lauf. Das Highlight jeden Abend waren seine Liebesbriefe. Georg hatte seinen Urlaub abgebrochen, und Katharinas Briefe gingen jetzt nach Hannover ins Calenberger Land. Sie kannte den Begriff nicht und schaute im Atlas nach. Die Sehnsucht wurde immer größer. Deshalb kamen die beiden auf die Idee, sich in Dortmund zu treffen. Georg wartete am Schalter und nahm Katharina mit seinem strahlenden Lächeln in die Arme. Sie gingen Hand in Hand zu seinem Auto, er öffnete den Kofferraum, der lag voller Sonnenblumen: „Du hast in Borkum erzählt, wie sehr du diese Blumen liebst. Dann möchte ich dir sagen: Ich bin ein Bauer!" Diese Aussage brachte Katharina nicht durcheinander. Die Liebe zu Georg überstrahlte alles.

Das nächste Treffen sollte in Hannover sein. Katharina wollte in der List eine Tante besuchen. Die Eltern von Georg luden Katharina zum Kaffee auf den Hof ein. Georg holte sie ab. Die Fahrt ging auf der Bundesstraße 217 in Richtung Deister. So erschloss sich Katharina das Calenberger Land. Georg wusste viel zu erzählen von Land und Leuten. Der Hof lag mitten im Dorf. Es gab Pferde, Kühe, Schweine, Hühner, Katzen und einen Jagdhund.

Nach der ersten Scheu kam man schnell ins Gespräch. Als Katharina die Geweihe und Gehörne an der Wand sah, war sie interessiert, weil sie die Jagd vom Niederrhein kannte. So konnte sie zur Freude von Vater und Sohn über die Jagd von dort erzählen. Damit war das Eis gebrochen.

Am 30. Mai 1961 war die Hochzeit. Das Band der Liebe war stark. Die beiden meisterten die Veränderungen auf dem Hof und in der Landwirtschaft. Sie waren glücklich mit ihren Kindern. Erlebten viel Gutes, Trauriges und bewältigten viel Schwieriges. 2003 standen Georg und Katharina plötzlich voreinander. Er sagte: „Ich muss dir was Wichtiges sagen, du bist das Beste, was mir passiert ist!" Ihr kamen die Tränen, was war das für eine Liebeserklärung!

Verloren
und wiedergefunden

Beziehungspause

Hildegard Lippmann blieb länger in den USA als geplant

Im Januar 1961 lernte ich (20) meinen jetzigen Mann (17) kennen, und zwar beim Tanzen im Café Mund auf der Karmarschstraße. Seinem Freund hatte ich einen Korb gegeben, und er meinte dann, die pack ich mir. Wir verliebten uns auf den ersten Blick, doch wusste er nicht, dass ich mit drei Freundinnen im April des Jahres 1961 für ein Jahr als „mother's help" in eine Familie nach Waban (Boston, Massachusetts) gehen würde.

Der Abschied fiel uns nicht leicht, aber wir meinten, ein Jahr geht ja schnell vorbei. Am Tage des Abschieds gab er mir eine Medaille, die er für einen Sieg als Niedersachsenmeister im Boxen (Leichtgewicht) erhalten hatte, und nahm mir das Versprechen ab, ihm diese zurückzugeben, wenn ich wieder zurück war. Die schöne Zeit bei meiner Familie in Waban ging schnell vorbei, und wir vier Mädchen beschlossen, noch ein weiteres Jahr auf eigene Faust nach Kalifornien zu gehen. Wir hatten die Möglichkeit, mit einem deutschen jungen Mann, der in Redwood City,

Hildegard und Jürgen Lippmann

Wohnort: Gehrden
Alter: 75 und 71 Jahre
Verheiratet seit: 1967
Gemeinsamkeiten: eine Tochter, Tanzen, gehen gern gut essen, Autofahrten, Tennis, Spanien-Reisen

San Francisco lebte, per Pkw quer durch die Staaten – auf der Route 66 – zu fahren, bis wir nach einer Woche dort ankamen. Dort suchten wir uns einen Job (ich in einem Hotel) und blieben noch fast ein Jahr in Kalifornien. In all der Zeit bekam ich kein Lebenszeichen von meinem Freund Jürgen aus Hannover, doch ich tröstete mich damit, dass er wohl einfach zu jung war.

Weihnachten 1962 musste ich zurück nach Hannover, weil meine Mutter sehr krank geworden war. Ich überraschte Jürgen in der Wohnung seiner Eltern, um ihm die Medaille zurückzugeben. Am selben Abend gingen wir tanzen im Mocambo Club, und er war schlagartig wieder in mich verliebt und ich in ihn. Dazu möchte ich bemerken, dass ich in Amerika zehn Kilogramm zugenommen hatte und nun endlich Figur zeigte (ich war mir immer zu dürre vorgekommen, was in der heutigen Zeit sicher so gewollt wäre).

Von dem Zeitpunkt an waren wir unzertrennlich, verlobten uns 1964, und 1967 wurde in der Marktkirche geheiratet, wo wir auch beide konfirmiert worden waren. 1972 kam unsere wunderbare Tochter zur Welt. Wir sind nun 47 Jahre zusammen, tanzen aber immer noch gern.

Hildegard und Jürgen Lippmann, 24- und 20-jährig und heute: Sie haben trotz der langen Trennung wieder zueinander gefunden.

Eine Liebe wie diese...

Kerstin Nieswandts Brieffreund meldet sich – nach 30 Jahren

Wir lernten uns mit 17 als Brieffreunde in der „Bravo" kennen, und nach 30 Jahren hast Du mich über ein Internetportal angeschrieben. Erst wusste ich gar nicht, wer Du warst. Doch dann erzähltest Du mir, woher wir uns kannten. Ich kann mich noch ganz genau daran erinnern, als ich Dich am 12. März 2009 das erste Mal sah. Deine Augen waren so wunderschön, sie schauten mich an, und Du lächeltest. Es war ein eher ungemütlicher Tag zum Spazierengehen, dennoch gingen wir viermal um den See. Es war schon komisch, als wir uns dann auf einer Bank ausruhten und Du ganz nah bei mir

Kerstin Nieswandt und Tom Brandes im Glück.

saßest. Es war um mich geschehen. Hätte ich es Dir in dem Moment sagen sollen? Nein, ich behielt es besser für mich. Von da an warst Du aber mein erster Gedanke und beim Einschlafen mein letzter. Die nächsten Wochen vergingen, und ich besuchte Dich. Immer wenn Du mich zur Begrüßung in Deine Arme nahmst, wurde mir ganz warm. Am liebsten hätte ich Dich nie wieder losgelassen. Wir verbrachten viele Wochenenden gemeinsam, und nichts geschah zwischen uns – bis zu dem Tag, als Du mich das erste Mal küsstest. Meine Knie wurden weich, mein Herz raste. Es war unsagbar schön. Eines Tages fuhrst Du mit mir ans Steinhuder Meer. Das war der 23. Mai 2010. Wir gingen Hand in Hand spazieren, bis wir uns auf eine Bank setzten. Du schautest mich verliebt an und holtest zwei Ringe aus Deiner Tasche. Du fragtest, ob ich Deine Frau werden möchte. Ich sagte sofort Ja. Einen Mann wie Dich lässt man nicht mehr gehen. Du bist so romantisch, liebevoll und zärtlich. Man kann mit Dir weinen und mit Dir lachen. Wir fuhren an meinem Geburtstag, das war der 22. Oktober 2013, in den Harz. Du hattest den Tisch im Hotel romantisch eindecken lassen und gabst mir ein Ei. So eines, wie man es von der Kinderüberraschung kennt. Darin lag ein Zettel, auf dem stand: „Ich möchte Dich am 22. Oktober 2016 heiraten. Leider ist dieser Tag noch sehr weit weg. Aber wir werden es schaffen, diese wundervolle Zeit zu verbringen. Eine Liebe wie unsere gibt es nicht noch einmal."

Kerstin Nieswandt und Tom Brandes

Wohnort: Hannover
Alter: beide 51 Jahre
Zusammenlebend seit: 2013
Gemeinsamkeiten: Essen gehen, Schwimmen, Freunde
treffen, gemütlich zusammen ein Glas Wein trinken,

Vorbei und nie vergessen

Angelika Jürgensens Jugendliebe überdauert Jahrzehnte

Wem immer wir unsere Geschichte erzählen, der nennt sie ein Märchen. Wir selbst sprechen eher von einem kleinen Wunder. Es begann im Frühjahr 1962, als ich bemerkte, dass ständig ein hübscher, aber viel zu junger Bengel meine Wege kreuzte. Mal stand er unvermittelt im Fahrradschuppen neben mir und bot mir seine Hilfe an, mal hielt er sich zu meinem Verdruss in der Nähe meines Klassenzimmers auf. Mein Gott, wie schrecklich peinlich mir das war. Was sollte ich mit ihm, diesem frohgemuten, schlaksigen, sanften Bengel anfangen, der sich, zwei Jahre jünger und zwei Klassen unter mir, in meinem Leben breitzumachen anschickte? Ein Neuntklässler, 15-jährig! Und ich? Mit 17 fast so etwas wie eine junge Dame, der Pubertät fast entwachsen, für mein Alter fast ein wenig zu vernünftig. Fast.

Was sollten also all diese lästigen Annäherungsversuche, dieses entwaffnende Grinsen, das einen angeschlagenen Schneidezahn entblößte, dieser Blick aus den wunderschönen blauen Augen unter dichten Wimpern, der mich stumm anbettelte: Gib mir eine Chance. Der Belagerungszustand dauerte nur kurz und endete erfolgreich eines schönen Tages. Wieder einmal stellte er sich mir ganz mutig in den Weg und sagte, er ließe mich erst losfahren, wenn ich mich mit ihm verabredete.

Ich habe mich bestimmt vor Schreck nach allen Seiten umgeschaut, auf den Boden und gen Himmel gestarrt, nach Ausflüchten gesucht und mich kräftig geniert, bevor ich, einem unerklärlichen Impuls folgend, zugestimmt habe. Ich glaubte zu wissen, was ich wollte. Dieser Bengel gehörte ganz bestimmt nicht dazu. Ich kannte meine Zukunftspläne, weil sie mir immer und immer wieder gesagt worden waren. Mir ist früh klargemacht worden seitens meiner Eltern, dass ich als spätes Kriegskind, in der etwas engen Nachkriegszeit aufgewachsen, eine unschätzbare Freiheit hätte, die ich nicht so mir nichts, dir nichts vergeuden dürfe: die Freiheit, als Mädchen Abitur zu machen und studieren zu können.

Natürlich hatte es auch vor mir bereits studierte Frauen gegeben – Ausnahmeerscheinungen. Nun aber gehörte ich, so meine gestrenge Mutter, zu der Generation Frauen, die ganz selbstverständlich die Universitäten besuchen, studieren und somit ihr Leben selbstbestimmt führen könnten, sollten sie, auch hier wieder der warnende Hinweis, nicht vorher ihr Schicksal mit Füßen treten. Was immer das konkret auch heißen mochte, ich glaubte, die Botschaft verstanden zu haben, bis zu jenem entscheidenden Tag.

Das Leben trägt seine eigene unverwechselbare Handschrift. Es wollte, dass der Junge aus der neunten Klasse auf ganzer Linie siegte. Kein Weg in der Eilenriede war uns fortan mehr fremd. Wo immer er war, wollte auch ich bald sein. Wo immer ich war, war auch er. Wir schienen gewappnet gegen alle Widrigkeiten. Keine ermahnenden Elternstimmen, kein noch so bissiger Spott konnten uns auseinanderbringen. Forever young. Unzertrennlich.

Mit ihm erlebte ich zum ersten Mal so etwas wie wirkliche Zärtlichkeit, die es im kopflastigen Elternhaus nicht so recht gab. Es waren die ersten zarten Schmetterlinge, nein, dicke Hummeln waren es, die in meinem Bauch schwirrten. Zum ersten Mal erlebte ich die Angst um einen geliebten Menschen. Zum ersten Mal erfuhr ich, was Liebeskummer, dieser tiefe Schmerz, bedeutet, der mich mit aller Wucht ganz unvermutet traf, als nach mehr als zweieinhalb Jahren unsere Liebe von heute auf morgen zu Ende schien. Was war geschehen? Nichts und alles. Es war einfach vorbei.

Es blieb eine unvergessliche Freundschaft, die uns wohl nachhaltiger geprägt hat, als wir uns beide eingestehen wollten. Denn selbst, als uns – bei einem Wiedersehen nach meinem Abitur und viel später nach Beendigung meines Studiums – das richtige Leben dazwischenkam und wir uns gänzlich abhandenkamen, blieb er mir in Erinnerung, fest verankert in meinem Herzen und meinem Kopf. Bei jenen kurzen Begegnungen, die immer von ihm ausgegangen waren, um etwas … ja, was? zu klären, gelang es uns nicht, der einzig wichtigen Frage nachzugehen, was uns so plötzlich auseinandergebracht hatte. Unsere Trennung schien 1969 somit besiegelt. Etwas Unwiederbringliches war geschehen.

Mir wurde im Laufe meines Lebens etwas sehr klar: Die erste Liebe ist wie ein Hauch, eine Ahnung. Auch wenn man an die ewige Freundschaft glaubt, so geht man irgendwann einmal auf seinem Weg weiter, lernt neue Menschen kennen, schätzen und lieben. Studiert. Arbeitet. Heiratet. Bekommt Kinder. Lässt sich eventuell scheiden. Mit jeder Veränderung im Leben wirft man auch den Ballast des alten Lebens ab, zumindest erging es mir so. Bis auf eine Kleinigkeit, von der ich mich nicht trennen mochte. Viele Jahrzehnte bewahrte ich ein Foto auf und nahm es, egal, ob ich in Mainz studiert, in Paris gelebt oder in Hannover an diversen Orten gewohnt habe, immer mit. Auf der Rückseite dieses Fotos, das einen ernsten Jungen mit einem Weinglas in der Hand zeigt, stand H.-C. 1964. Hans-Christian 1964. Irgendjemand hatte es bei einer Party aufgenommen. Warum, habe ich mich natürlich manchmal gefragt, warum trennst du dich nicht von diesem Bild?

Angelika Jürgensen und Hans-Christian Bethge

Wohnort: Hannover
Alter: 69 und 67 Jahre
Zusammenlebend seit: 2010
Gemeinsamkeiten: Oper, Theater, Ballett, Tango tanzen,
kochen für Freunde nach Themen

Im September 2007 feierte unsere Schule ihr 80-jähriges Bestehen. Seitens der Schule hatte man versucht, viele Ehemalige anzuschreiben. So auch mich. Ich war neugierig und bin der Aufforderung, an der einen oder anderen Festivität teilzunehmen, gern gefolgt. Zugegeben – im Kopf war auch die vage Hoffnung, meiner Jugendliebe noch einmal zu begegnen. Was wäre noch übrig von dem sanften Jungen von einst? Wäre er nicht alt, fett und glatzköpfig? Gut etabliert, glücklich verheiratet und Familienvater von inzwischen erwachsenen Kindern? Höchstwahrscheinlich. Und was, bitte, hätte uns ein Wiedersehen, ein kurzer Plausch gebracht? Wie geht's dir? Gut. Und dir? Danke, ebenfalls. Hast du Kinder? Ja, zwei. Und du? Sorry, keine. Wollte ich wirklich so einen Dialog? Einer inneren – unvernünftigen – Stimme folgend, habe ich die Gedanken an derartige Peinlichkeiten verdrängt und mich auf den Weg gemacht.

*Die Geschichte von Angelika Jürgensen und Hans-Christian Bethge
könnte auch verfilmt werden.*

Verdammt, ich kam um gut eine Stunde zu spät zu einer sogenannten Monatsfeier. Doch plötzlich öffnete sich eine Tür zur Aula, und mir stockte der Atem: Es war ganz sicher … Ganz sicher? Christian, der Freund aus meinen Jugendtagen, meine Jugendliebe! Unverkennbar sein Lächeln, seine Statur. Keine Fata Morgana, die sich beim Näherkommen in nichts auflöste, kein Wachtraum, der wie eine schillernde Seifenblase zerplatzen könnte. Nein, er war es, war Fleisch und Blut, war wirklich. Ich nahm all meinen Mut zusammen und näherte mich ihm, der mich noch nicht entdeckt hatte. Mein Herz klopfte bis zum Hals. Und dann: Auf los ging's los.

Eine Woche später verabredeten wir uns bereits zum ersten Frühstück und danach immer wieder. Wir sprachen über das unrühmliche Ende unserer damaligen Beziehung, das, und nun kam die Wahrheit heraus, von unseren besorgten Müttern geschickt eingefädelt worden war. Wir erzählten uns unser Leben, sprachen offen über Siege und Niederlagen, über die Menschen, mit denen wir unser Leben geteilt und die wir oder die uns verlassen hatten. Und schließlich sprachen wir über die Zukunft, unsere Zukunft, die längst begonnen hatte. Denn wenn nicht jetzt, wann dann?

Nichts hatte sich verändert. Die Klaviatur der Empfindungen, die wir schon einmal erlebt hatten, war wieder erwacht – Freude, Neugierde, Zärtlichkeit, auch die Angst, den wiedergefundenen Menschen zu verlieren, und unendlich viel Dankbarkeit …

Jünger ist uncool

Im zweiten Anlauf weiß Stefanie Frank: Er ist doch perfekt

Unsere Geschichte begann im Jahr 1979. Ich bin im August des Jahres 1979 für ein Jahr in die USA gereist, um dort als Austauschschülerin zur High School zu gehen. In der Kleinstadt Nanty Glo in Pennsylvania habe ich eine tolle Gastfamilie gefunden und voller Freude mein Abenteuer USA begonnen. In der Schule hatte ich auch Deutschunterricht. Dort traf ich zum ersten Mal meinen Mann Rory; auch er wollte gern Deutsch lernen. Ziemlich schnell wurde aus uns ein Paar, ein typisch verliebtes Teenagerpaar; wir waren sehr verliebt. Das Problem in dieser jungen Beziehung war der Altersunterschied, ich war 16, er 14. Irgendwie fand ich das damals „uncool", ein Junge hatte älter zu sein. Also beendete ich diese Freundschaft mit genau diesen Worten: „Wenn du doch nur etwas älter wärest oder die Zeit eine andere wäre." Mit dieser Aktion habe ich damals nicht nur mich belastet, sondern auch Rory sehr wehgetan.

Während meiner verbliebenen Zeit in den USA sahen wir uns zwar noch in der Schule, aber mehr auf Abstand. Im Sommer 1980 kam ich zurück nach Deutschland und beendete meine Schule. Nach dem Abitur 1983 besuchte ich meine Gastfamilie. Während dieses Aufenthaltes sah ich Rory kurz, wir unterhielten uns, aber er wirkte eher abweisend. Später erzählte er mir, er hatte Angst vor einer erneuten Abweisung.

Ich kehrte zurück nach Hannover, begann eine Ausbildung und führte mein Leben weiter. Es folgten 26 Jahre, ich heiratete zweimal, zog einen Sohn groß und versuchte, das Beste aus meinem Leben zu machen. Während dieser Jahre besuchte ich meine amerikanische Gastfamilie dreimal, Rory sah ich nicht und hörte auch nichts von ihm. Bis zum Oktober 2009: Über mehrere Umwege und Zufälle erreichte mich eine E-Mail einer ehemaligen Schulfreundin, dass ein Rory Frank mich suchen würde. Ich war total überrascht und total verwirrt. Gern habe ich über die nun vorhandene E-Mail Kontakt zu Rory aufgenommen. Später hat er mir erklärt, welche Versuche er im Laufe von mehreren Jahren unternommen hatte, mich zu finden. Ich fand heraus, dass Rory auch schon über 20 Jahre nicht mehr in Pennsylvania wohnte, sondern in Virginia. Er war über 20 Jahre verheiratet und hatte zwei Söhne. Von diesem Zeitpunkt an blieben wir in Kontakt über E-Mail, Briefe und später Skype. Wir stellten fest, dass trotz der vielen, vielen Jahre immer noch Gefühle füreinander vorhanden waren; wir waren uns eine große Stütze, da wir mit der vorhandenen Lebenssituation nicht glücklich waren.

Wir trennten uns von den jeweiligen Partnern, und im Mai 2010 sahen wir uns das erste Mal wieder; ich war für zwei Wochen in die Staaten geflogen. Nach diesem Wiedersehen stand für uns definitiv fest, dass wir uns nicht wieder verlieren und den Rest unseres Lebens zusammen verbringen wollten.

Stefanie und Rory Frank heiraten in den USA, leben aber in Deutschland.

Nach einem sehr tränenreichen Abschied blieben uns nur das Telefon und das Internet. Durch die Zeitumstellung ein nicht immer leichtes Unterfangen. Ich bin über Monate jeden Morgen um 4.30 Uhr aufgestanden, um mit Rory sprechen zu können. Im August war ich dann das zweite Mal in den Staaten, leider nur für eine Woche. Wir haben geplant, dass ich über kurz oder lang zu ihm ziehen wollte, da ich die Sprache konnte und ja schon einmal dort gelebt hatte. Also habe ich hier in Deutschland versucht, alles zu regeln, damit der Weg frei wird. Meine Habseligkeiten habe ich meinem Sohn vermacht und bin zurück zu meiner Mutter gezogen. Dort bewohnte ich ein Zimmer. Rory hat in dieser Zeit versucht, die Dinge in Amerika zu regeln. Weihnachten 2010 hat er mich hier in Deutschland besucht, um meine Familie kennenzulernen. Wir hatten eine tolle Zeit und schmiedeten eifrig Zukunftspläne. Im März 2011 war ich wieder in den Staaten, und wir waren mittlerweile beide geschieden; im April 2011 haben wir dann in Leesburg, Virgina, geheiratet. Als ich nach der Hochzeit wieder nach Deutschland fliegen musste, hat es mir/uns fast das Herz gebrochen, da wir zu dem Zeitpunkt nicht wussten, wann wir uns wiedersehen würden. Die dann folgenden Wochen waren sehr nervenaufreibend. Leider konnten wir unsere Pläne, in Amerika zu leben, nicht umsetzen, und mein Mann kam dann im Juni 2011 nach Hannover, um hier mit mir zu leben. Es blieb uns erst einmal nichts weiter übrig, als zu zweit bei meiner Mutter im alten Kinderzimmer zu wohnen.

Stefanie und Rory Frank

Wohnort: Langenhagen
Alter: 51 und 49 Jahre
Verheiratet seit: 2011
Gemeinsamkeiten: fahren gern Motorrad
und lieben Gesellschaftsspiele

Ich hatte fast nichts mehr, und Rory war mit einem Koffer, Kleidung sowie einigen Unterlagen gekommen. Aber wir hatten das Allerwichtigste! Uns.

Von diesem Zeitpunkt an haben wir uns durch schwere Zeiten gekämpft. Aber wir haben es geschafft, wir haben eine schöne Wohnung und Rory einen tollen Job. Es war wirklich nicht einfach, aber wir haben fest zusammengehalten und nie aus dem Auge verloren, wofür wir das alles auf uns genommen haben. Für uns und unsere Liebe.

Ich habe viel geschrieben und doch das Gefühl, noch lange nicht alles gesagt zu haben. Rory und ich haben uns oft gefragt, warum das Leben solche Wirrungen für uns bereitgehalten hat. Eine Antwort gibt es nicht wirklich, es ist einfach Schicksal, unser Schicksal. Wir können nur sagen, dass jeder sein Schicksal annehmen sollte und nicht aufhören sollte, für das Wichtigste zu kämpfen. Auch wenn man nicht mehr ganz jung ist, es lohnt sich immer, an die Liebe zu glauben und sie zu leben.

Rory und ich haben es geschafft, mit dem Wissen, unseren Seelenverwandten gefunden zu haben. Nachdem ich Rory gefunden hatte, kamen meine Worte von damals auf mich zurück. „Wenn du doch nur etwas älter wärest oder die Zeit eine andere wäre!" Noch heute fragt mich mein Mann, ob er denn nun alt genug wäre.

Er sucht sie –
sie sucht ihn

Der Kesseldeal

Regin Reuschel findet dank Exfreundin eine „Bessere"

Und ich dachte 1993 nicht im Traum daran, diese Frauenzeitschrift zu lesen oder gar darin eine neue Partnerin zu suchen. In Karlsruhe wohnend fuhr ich mit meiner bisherigen Freundin häufig ins kaum 25 Kilometer entfernte Elsass, wo sie gern die französische Marie Claire kaufte. Nach einigen gründlichen Auseinandersetzungen trennten wir uns eines Tages. Ich zog von Karlsruhe in höhere Lagen des Schwarzwaldes. Ich hoffte, sie könne mich dort mangels Führerschein nicht heimsuchen. Doch eines Tages kam sie den Berg hinauf, stand triumphierend mit der deutschen Ausgabe der Marie Claire vor mir, gab mir den Beileger „Single sucht Single" und sagte etwas abfällig: „Vielleicht findest du ja dort eine Bessere!" Ich dachte „na warte!" – und studierte die 501 Single-Frauen-Angebote gründlich. Viele davon sagten mir nichts, aber eine machte mich neugierig, weil Bild und Text zu mir passten.

Ich schrieb ihr: „Hallo, Frau Single, ich melde mich bei Ihnen, weil ich offen fürs Kennenlernen bin, Sie eventuell woanders leben und wir uns sonst wahrscheinlich nie begegnen würden." Moni erhielt freilich nicht nur meine Antwort auf ihre Single-Anzeige. Aber sie antwortete nur mir: dass wir uns irgendwann einmal näher kennenlernen könnten; eilig habe sie es nicht, zunächst sei ein Urlaub mit ihrer Freundin angesagt, aber im September werde sie eine Kur im Schwarzwald machen, sodass wir uns dort treffen könnten.

Ihre Antwort kam per Fax. 1993 waren E-Mail, Internet und Handy noch unbekannt. Natürlich hätte sie telefonieren können, aber sie faxte. Ich ließ mich gern darauf ein, denn ohne Telefonstimme im Ohr wurde die Angelegenheit noch spannender. Die Faxe schossen hin und her – oft vielfach täglich; es entstand eine angeregte, immer gut gelaunte, inspirierende, witzige Kommunikation. Dennoch: Jetzt war Mai, und ich wollte das persönliche Kennenlernen nicht auf September vertagen. Also kündigte ich meinen Besuch an ihrem Urlaubsort an, zumal er in Verlängerung der Besuchsroute zu einem Freund bei Hamburg für mich problemlos zu erreichen war, also selbst für den Fall eines Flops kein Ärgernis.

Mein Empfang an ihrem Urlaubsort verlief eher geschäftsmäßig, fast schon wie ein – wenn auch wohlwollendes – Bewerbungsgespräch. Nach einer knappen Stunde beendete sie mit den Worten: „Nun habe ich mit meiner Freundin noch etwas vor. Das war's zunächst einmal!" Wir verabschiedeten uns freundlich, keineswegs überschwänglich, eher distanziert. Anschließend keine Faxe. Wartete hier jeder im Sinne von „Wer macht denn wohl den nächsten Schritt"? Nach einer Woche kam eine Postkarte mit ihrem „O.K." Und die Faxerei ging munter weiter. Zwischen Mai und September dürften rund 600 Faxe hin- und hergegangen sein.

Dann der September: Moni kam mit dem Intercity von Hannover nach Karlsruhe, wo ich sie abholte, ihr ein wenig Karlsruhe zeigte und sie dann in mein Schwarzwald-Domizil „L.A." (meine Kurzform für den unsäglichen Doppelnamen „Straubenhardt-Langenalb") fuhr. Wenige Tage später konnte ich Moni zu ihrem nur eine Autostunde entfernten Kurort bringen. Während der mehrwöchigen Kur mietete ich mich über die Wochenenden am Kurort selbst ein. Und einmal machten wir uns den Spaß, „Verbotene Liebe" im Kurhaus selbst zu arrangieren, indem ich dort in ihrem Zimmer übernachtete. Am nächsten Morgen konnte ich gegen 6 Uhr durch den Lieferanteneingang ungesehen entkommen.

Der Wunsch nach Nähe und enger Zweisamkeit war nun gefestigt und konnte auf Dauer nicht durch ein paar Wochenenden in Sachen Liebestourismus zwischen Isernhagen und L.A. befriedigt werden. Da Moni eine feste Anstellung als Empfangschefin bei Radio ffn hatte, ich jedoch freier Werbetexter mit flexiblem Einsatz war, lag es nahe, dass ich zu Moni zog. Wir suchten nicht lange und fanden eine recht hübsche Wohnung in Isernhagen.

Bereits im nächsten Jahr fragte Moni mich, ob ich sie heiraten wolle. Als damals 46-Jähriger hatte ich bisher zwar einige Langzeitbeziehungen hinter mir, aber niemals Heiratsambitionen. Ich lehnte spontan ab. Doch Moni ließ nicht locker und wollte triftige Gründe gegen eine Ehe mit ihr wissen, und die hatte ich nicht! Also stimmte ich ihrem Wunsch zu.

Am 8. Juli 1994 heirateten wir – bescheiden in kleinem Kreis. 99 Briefe gingen erst nach unserer Hochzeit an Verwandte und Bekannte raus, sehr zum Ärger von Monis Vater und Mutter sowie meiner Mutter. Überraschender kam für mich der Ärger meiner Exfreundin: „So war das nicht gemeint

Moni und Regin Reuschel heiraten ein Jahr nach ihrem Kennenlernen.

mit der Marie Claire!" Irgendwann beruhigte sie sich, nicht ohne über eine „Vermittlungsprämie" nachgedacht zu haben: „Am liebsten wäre mir ein Alessi-Kessel."

Es ergab sich, dass in Monis Isernhagener Stammrestaurant, dessen Chef unser Trauzeuge war, sich am Nebentisch ein Gast als Alessi-Vertreter und Radio-ffn-Fan outete, der so gern mal eine Führung durch den Sender erleben würde. Sogleich ergriff Moni die Gelegenheit beim Schopf, schrieb „Tausche ffn-Führung gegen Alessi-Kessel" auf eine Serviette und schob sie ihm wortlos über den Tisch. Der Deal funktionierte: Er bekam seine Führung durch die ehemalige Beindorff-Villa, meine Exfreundin ihren Alessi-Designer-Kessel.

Moni und Regin Reuschel

Wohnort: Isernhagen
Alter: 66 und 65
Verheiratet seit: 1994
Gemeinsamkeiten: lieben Paris und die Toskana, mögen
das Extreme: Berge in Oberbayern und Strände auf Sylt

Was für eine Stimme!

Ulrich Ledau hört Radio und verliebt sich

E s war Freitag, der 20. Juli im Jahr 2001, ich weiß es noch genau, als ich mir die NDR-Sendung „Miteinander" angehört habe – eine Kontaktbörse im Radio. Es hatten sich bereits einige Menschen vorgestellt, die einen Partner fürs Leben suchten. Aber keiner der Beiträge hat mich angesprochen. Plötzlich wurde ich hellhörig. Um genau 18 Uhr hörte ich eine Frau mit einer tiefen Stimme, die quirlig erzählte, dass sie gerne tanzen geht, Ausflüge macht und sich einen Partner wünscht, der genauso aktiv ist. Ich war von

*Zuerst verliebte sich Ulrich Ledau in Ursula Reents'
Stimme, dann in ihre roten Haare.*

ihrer Stimme so fasziniert, dass ich sofort beim Sender angerufen und meine Kontaktdaten hinterlegt habe.

Am darauffolgenden Sonntagvormittag bekam ich einen Anruf von der Frau, die ich im Radio ein paar Tage zuvor gehört hatte. Sie heißt Ursula Reents. Wir haben uns ganz nett am Telefon unterhalten und uns dann für den nächsten Mittwoch in Langenhagen auf dem Parkplatz an der Klink verabredet. Aus dem Auto stieg eine rothaarige Frau. Ich war ganz angetan. Sie hat nicht nur eine faszinierende Stimme, sie sieht auch noch schön aus, dachte ich mir. Ich fand sie gleich sehr sympathisch. Nach der Begrüßung sind wir in ein Lokal gegangen und haben uns bei einem Gläschen Wein nett unterhalten. Sie ließ sich nach dem ersten Treffen aber noch nicht von mir nach Hause bringen, da war sie sehr vorsichtig. Aber wir verabredeten uns für den nächsten Sonnabend und sind nach Hannover zum Tanzen gefahren. Danach haben wir uns noch etliche Male getroffen. Und sind uns von Mal zu Mal immer nähergekommen.

Im Jahr 2002 sind wir gemeinsam in den Urlaub in die Dominikanische Republik geflogen, was für uns ein wunderschöner Urlaub war. Wir haben uns noch besser kennengelernt und festgestellt: Es passt einfach perfekt. Nach einem Jahr haben wir beide unsere Häuser verkauft und sind in eine gemeinsame Wohnung in Langenhagen gezogen. Wir beide haben es nicht bereut, uns auf diesem Wege kennengelernt zu haben und sind immer noch ganz glücklich.

Ursula Reents und Ulrich Ledau

Wohnort: Langenhagen
Alter: 81 und 71 Jahre
Zusammenlebend seit: 2003
Gemeinsamkeiten: Musik, Tanzen und Reisen

Der Kandidat
ohne Haare

Als Barbara Pötters ihren Peter trifft, ist sie zuerst skeptisch

Ein Tisch im Café LaSall in der Südstadt, am Anfang des neuen Jahrtausends. Ich sitze dort mit meiner Freundin Leni und bin sauer. Vor uns liegen Briefe. Briefe von Männern. Männer, die mich kennenlernen wollen. Männer, die ich aber nicht kennenlernen möchte, denke ich.

Denn ich, über 50, geschieden, war etwas skeptisch, vorsichtig gesagt, was einen neuen Mann in meinem Leben betrifft. Meine Ehe war nicht der Bund des Lebens gewesen, den ich mir erhofft hatte. Ein neuer Mann, den werde ich mir ganz vorsichtig anschauen, denke ich an diesem Tag im Café. Ein neuer Mann, der muss ein guter Mann sein. Alles hatte mit einer Anzeige begonnen. „Suche einen Mann, mit dem man lachen und weinen kann", stand 2001 in der HAZ. Doch nicht ich hatte diese Anzeige aufgegeben, sondern meine Freundin Leni. Ohne mich zu fragen. „Wir werden doch wohl einen Mann für dich finden", sagte Leni. Wir kennen uns seit 50 Jahren, wir haben Freud und Leid zusammen erlebt, wir wissen, was die andere denkt. Ich wusste also: Leni lässt nicht locker, bis sie ihr Ziel erreicht hat.

Mehr als 20 Männer schrieben mir wegen der Anzeige. Leni traf mit ihrer Tochter dann eine Vorauswahl von Männern, die zu mir passen könnten, wie Leni dachte. Dann saßen wir also vor einer Handvoll Briefe. Nach und

nach lasen wir die Briefe. Es waren einige nette Männer dabei. Einer gefiel uns besonders. Der Brief war in einer sehr schönen Handschrift geschrieben. Ein Foto fehlte. Ich dachte mir: Es muss ja nicht gleich eine Beziehung sein. Es wäre auch schon schön, Zeit mit netten Menschen zu verbringen. Und jetzt sollte ich also diesen Peter treffen.

Ein paar Tage später saß ich in einer Brasserie in Lehrte. Ich war mit Peter verabredet, dem mit der schönen Handschrift. Peter wohnte in Lehrte und hatte den Treffpunkt vorgeschlagen. Wir wussten nicht, wie wir aussehen. Und ein Erkennungszeichen hatten wir auch nicht ausgemacht. Ich dachte, zwei Suchende würden sich schon finden. So saß ich da. Die Tür ging auf, ein Mann trat ein, und ich hoffte, dass der es nicht ist. Er war es nicht. So kamen noch ein paar Gäste. Schließlich betrat jemand die Brasserie, schaute, blickte zu mir und kam an meinen Tisch. Er sagte: „Ich bin Peter." Und ich dachte: „Oh, nein!" Peter hatte keine Haare auf dem Kopf. Und ich keine Schmetterlinge im Bauch. Trotz des lichten Haares haben wir uns dann nett unterhalten, über die Kinder – er hat drei, ich habe zwei –, über die Großkinder und den Rest unserer beider Familien.

Ich merkte schnell: Der Peter, der ist Feuer und Flamme. Er war Witwer, und er wollte gerne eine neue Beziehung – und er wollte diese Beziehung mit mir. Bei mir stand der Liebe vielleicht auch die Vorsicht im Weg, nach den Enttäuschungen meiner Ehe. Wir trafen uns immer mal wieder. Und ich testete Peter, schaute bei einer Feier, wie sehr er dem Alkohol zugewandt ist. Er bestand den Test. Ich verliebte mich langsam in diesen Mann, dem ich doch so skeptisch gegenüberstand.

Wir trafen uns, mal bei ihm, mal bei mir, und verbrachten immer mehr Zeit miteinander. Wie stark unsere Liebe sein würde, das zeigte sich nach einem schweren Verkehrsunfall. Ich hatte mir einiges gebrochen, darunter das Becken, und musste lange im Rollstuhl sitzen. Über Monate pflegte mich Peter, umsorgte mich. Er tat alles, was er konnte, um mir meine Schmerzen erträglicher zu machen, mich zu verwöhnen und mich glücklich zu machen. Da habe ich so richtig gemerkt: Ich kann, ich will

ohne diesen Mann nicht mehr leben. Wir passten auch einfach gut zusammen, das sagen eigentlich alle, die uns kennen. Ich bin die, die vielleicht ein bisschen mehr redet. Peter ist der, der gut zuhören kann. Nur heiraten, das wollte ich nun wirklich nicht.

Aber wie kam es dann, dass wir vor zwei Jahren in einer Staatskarosse aus den 1950er-Jahren, einem Mercedes 300 SEL saßen, ein Cabrio, bordeauxrot, traumhaft schön? Dass wir glücklich waren und auf dem Weg zu einer Hochzeitsfeier direkt am Ostseestrand? Auf dem Weg zu unseren ganzen Freunden, Kindern und Enkelkindern, die dort warteten? Auf dem Weg, meinen Namen für seinen abzulegen? Und all das mit Mitte 60?

Barbara und Hans-Peter heirateten an der Ostsee, jetzt leben sie dort.

Peter war hartnäckig geblieben, auch hier. Er wollte so gerne heiraten, obwohl er wusste, wie ich dazu stehe. Und irgendwie war ich dann auch froh darüber, dass er mich trotz meiner Skepsis gefragt hat. Ich habe schließlich „Ja" gesagt. Es war eine traumhafte Feier an der Ostsee, wo wir seit Kurzem leben und das, was man Ruhestand nennt, miteinander verbringen wollen. Heute können wir über unser Kennenlernen lachen, Peter übrigens auch. Trotz der Geschichte mit der Glatze.

Barbara und Hans-Peter Pötters

Wohnort: Timmendorfer Strand
Alter: beide 67 Jahre
Verheiratet seit: 2011
Gemeinsamkeiten: Reisen, Strandspaziergänge, Kino

Ganz warm ums Herz

Edelgard Huelke gedenkt ihrer Liebe

Du hattest mir solch einen netten Brief auf meine Annonce geschrieben, dass ich ganz neugierig auf Dich war. Wir wollten beide eine neue Beziehung aufbauen und trafen uns das erste Mal im Wiener Café. Damals gab es noch kein Handy und erst recht kein Internet. Wenn wir uns verabredeten, geschah dieses per Brief oder per Telefon. Ich kann nicht sagen, es sei Liebe auf den ersten Blick gewesen, aber es hatte sich eine große Sympathie entwickelt. Nachdem wir uns kennengelernt hatten, riefst Du jeden Abend an. Und was für wunderbare Liebesbriefe Du mir geschrieben hast, mir wird jetzt noch ganz warm ums Herz, wenn ich daran denke.

Eines Tages lud ich Dich zu mir nach Hause ein, und Du lerntest meinen zwölfjährigen Sohn kennen. Wie war ich erstaunt, dass Du gleich wusstest, wie man

Edelgard und Horst Huelke

Wohnort: Bad Nenndorf
Alter: 78 und † 2013
Geheiratet: 1979
Gemeinsamkeiten: Theater, Urlaub in die Berge zum Wandern, Orgelspielen

kleine Jungen erfreuen kann. Eine Bratwurst und ein Eis genügen schon. Mit deiner freundlichen, aufgeschlossenen und natürlichen Art gewannst Du sein Herz im Nu. Auch Du hattest einen Sohn, erzähltest ihm von mir, und er war nicht abgeneigt, mich kennenzulernen.

Eines Tages wollte ich mir ein Auto kaufen, und Du warst gleich Feuer und Flamme. Du liefst mit mir von Hinz zu Kunz, um das richtige Modell zu finden. Auf Dein Anraten entschied ich mich für einen VW Käfer und fühlte mich mit dem neuen Gefährt total ungebunden. Eines Tages ludst Du mich mit meinem Sohn zu Dir nach Hause ein, so lernten sich auch unsere Söhne kennen. Ich war überrascht, was Du zum Abendessen alles besorgt hattest und wie flink Du in der Küche hantiertest.

Mit großer Sympathie bemerkte ich, wie gut Du dein Leben zusammen mit Deinem Sohn gemeistert hast. Du warst damals als Prokurist tätig und kanntest Norddeutschland wie Deine Westentasche. An manchen Wochen-

Urlaub in Meran: Edelgard und Horst Huelke sind gern wandern gegangen.

enden zeigtest Du mir die Gegenden, die dir am besten gefallen haben, und führtest mich aus zum Essen in Speiselokale, die Du am liebsten aufgesucht hattest. Zeigtest mir Orte in der Lüneburger Heide, die für mich traumhaft schön waren und die wir später, als Du schon Rentner warst, immer wieder aufsuchten. Du machtest mich aufmerksam auf die Produkte, die in Deiner Arbeitsstelle hergestellt wurden und auch ins Ausland exportiert wurden.

Wir konnten im Urlaub nicht in ferne Lande fliegen, aber Deinen Lieblings-ferienort in Kärnten wolltest Du mir unbedingt noch zeigen. Bald nach der Wende hatte ich das Bedürfnis, Thüringen wiederzusehen, vor allem Schmalkalden und Bad Salzungen. Bad Salzungen hatte sich schon wieder sehr fein gemacht. Wir gingen durch die wiederhergestellten Salinen und um den kleinen See herum, und ich erzählte Dir von unseren Erlebnissen nach der Flucht aus Westpreußen. Der Rennsteig war ein Erlebnis für uns und dann auch noch die Wartburg, die wir unbedingt besichtigen wollten. Es war einfach nur schön, dieses alles gemeinsam erleben zu dürfen.

Du wolltest für uns beide noch ein Haus bauen. Mit viel Sachverstand und Geschick entstand ein Bungalow nur für uns beide, wie Du immer sagtest. Die Kiefern, die angepflanzte Heide, der Teich, die Bäume, die sich irgendwann breit machten, waren für uns nur Natur, wie Du immer sagtest. Aber es sollte anders kommen. Nach einem Krankenhausaufenthalt kamst du nicht mehr zu mir zurück. Geblieben sind mir nur Deine vielen wunderbaren Liebesbriefe. Wie in dem Gedicht von Joseph von Eichendorff spannte Deine Seele ihre Flügel auf und flog davon.

Gut investiert

Eine Freundin stupst Ilse Wrede ins Glück

Im Jahre 2007 war ich nach 25 Jahren Ehe plötzlich Single. Eigentlich das erste Mal im Leben. Meinen ersten Mann hatte ich mit 15 kennengelernt, wir waren über 30 Jahre zusammen.

Nach dem Umzug aus einem Haus mit großem Garten in eine 60-Quadratmeter-Wohnung fühlte ich mich in Bothfeld außerordentlich wohl. Ich hatte einen tollen Job, nette Nachbarn und einen schönen Balkon. Das Singen in einem Chor und meine vielen Freunde haben mir über den Trennungsschmerz hinweggeholfen. Ich habe viel unternommen, bin geradelt, hatte viele Kontakte und habe Freunde bekocht. Eigentlich war es eine schöne Zeit.

Bis meine Freundin Kerstin beschloss: Du kannst nicht alleine bleiben, ein neuer Mann muss her! Ich wollte nicht, hatte mich mit meinem neuen Leben inzwischen gut arrangiert. Aber Kerstin dachte weiter. Du wirst älter, und außerdem bist du kein Typ fürs Alleinsein. Das stimmte. Also überredete sie mich, eine Annonce in der HAZ zu schalten. Gesagt, getan. Die Anzeige erschien, und ich erhielt circa 40 Zuschriften. Vier Kandidaten kamen in die engere Wahl, mit ihnen hatte ich mich auf einen Kaffee oder zu einer Maschseeumrundung getroffen. Klar, sie waren sehr nett, aber wie sollte das funktionieren? Verlieben auf Knopfdruck? NEIN! Sechs Wochen nach Erscheinen der Anzeige kam dann ein „Nachzügler". Er hätte nicht eher antworten können, weil er seinen Resturlaub an der Nordsee verbrachte (sympathisch, ich liebe die Nordsee). Der Brief war handgeschrieben (angenehm) und auf elegantem Papier verfasst (stilvoll). Es unterschrieb ein Karsten, der seine Telefonnummer hinterließ, falls ich Kontakt mit ihm aufnehmen wolle. Wollte ich nicht, ich war durch mit meiner „Aktion". Aber da war ja noch Kerstin …

Sie lag zu der Zeit im Krankenhaus und hatte von dort an meiner Männersuche teilgenommen. Sie „zwang" mich, Karsten anzurufen. Schließlich hätte ich 50 Euro für die Anzeige bezahlt, und ich würde mir keinen Zacken aus der Krone brechen.

Also, gesagt, getan. Ich rief Karsten an und schwor mir, es bei einen einzigen Versuch zu belassen. Ich schlug ein Treffen vor, um ihn in Augenschein zu nehmen, denn das gewünschte Foto hatte er nicht mitgesandt. Alle anderen hatten den Hauptbahnhof oder den Maschsee als Treffpunkt vorgeschlagen; Karsten fragte: „Gibt es bei dir in der Nähe einen kleinen Italiener?" – Das fand ich gut, ohne zu wissen, dass sich der „kleine Italiener" in der Nachbarschaft seines elterlichen Hauses befand und er das Lokal kannte.

Also trafen wir uns am 15. Februar 2008 auf einen Kaffee, ich war zu der Zeit krank, fühlte mich nicht wohl und sah auch nicht besonders gut aus. Aber das war mir egal, hatte ich mich doch eigentlich nur Kerstin zuliebe mit ihm getroffen. Wir hatten ein angenehmes Gespräch, und bei der Verabschiedung fragte er mich: „Und? Sehen wir uns wieder?" Ich schloss ein Wiedersehen nicht aus und merkte auf dem Heimweg, dass dieser Mann mich irgendwie „angesprochen" hatte. Seine ruhige Art (hatte ich mir in der Anzeige gewünscht), sein Humor, eigentlich toll …

In der darauffolgenden Woche erhielt ich diverse SMS, in denen Karsten sich liebevoll nach meinem Wohlbefinden erkundigte. Wir verabredeten uns für den 23. Februar, um bei einem

Ilse und Karsten Wrede

Wohnort: Bennigsen
Alter: beide 53 Jahre
Verheiratet seit: 2009
Gemeinsamkeiten: Lust am Wandern, auf gesundes Essen
und Wohnmobilreisen

Spanier essen zu gehen. Ich wollte nicht, dass Karsten erfährt, wo ich wohne, deshalb trafen wir uns wieder vor dem „kleinen Italiener", um dann ins andere Lokal zu gehen. Das Essen, die Stimmung und die Gespräche waren sehr angenehm, und wir hatten einen schönen Abend. Dann brachte Karsten mich nach Hause. Ich wollte mich bei ihm – wie ich es bei anderen Freunden auch mache – mit einem kleinen Wangenkuss für den schönen Abend bedanken.

Ab da ist unsere Geschichte strittig. Es ist bis heute unklar, wer über wen „hergefallen" ist, jedenfalls waren nach einiger Zeit die Autoscheiben von innen beschlagen und Amors Pfeil hatte sich in unsere Herzen gebohrt. Am nächsten Tag kam Karsten auf einen Kaffee, eine Woche später blieb er, drei Monate zog ich zu ihm nach Bennigsen, wo er ein kleines Häuschen besitzt. Kurze Zeit später ließ er Andeutungen über einen gemeinsamen Nachnamen fallen, ich war total aus dem Häuschen und wartete auf seinen Heiratsantrag.

Als Hochzeitskutsche ein Rolls-Royce: Ilse und Karsten Wrede heiraten stilvoll.

Nachdem ich im Juli 2008 geschieden wurde, stand einer neuen Eheschließung ja nichts im Wege. Weihnachten kam, und Karsten stand mit roten Rosen vor mir – endlich. Aber es kam kein Antrag, sondern „frohe Weihnachten". Dasselbe dann noch einmal an Silvester, dieses Mal könnte es klappen, aber nein, rote Rosen einfach so.

Im Februar verbrachten wir eine schöne Urlaubswoche in St. Peter-Ording. Eines Abends im Hotelzimmer sagte Karsten: „Dreh dich mal um, ich habe eine Überraschung für dich." Also jetzt! Ich tat wie geheißen, und als ich mich wieder umdrehen durfte, hatte er Gymnastikbänder in der Hand und sagte: So, ab heute wird Sport gemacht. Ich fasste es nicht, blieb aber tapfer.

Beim nächsten St.-Peter-Ording-Aufenthalt im sonnigen Mai 2009 gingen wir am Strand in der Abendsonne spazieren und fanden einen verlassenen Strandkorb, den wir zur Sonne drehten. Genüsslich machten wir es uns mit Käse, Baguette und Wein bequem. Die Sonne sank langsam ins Meer und Karsten vor mir nieder. Er zog ein elegantes Schmuckstück aus der Tasche und fragte, ob ich seine Frau werden wolle. Ich wollte.

Am darauffolgenden Muttertag, eine Woche später, verteilten wir nach dem gemeinsamen Mittagessen an jedes Familienmitglied einen Umschlag, der eine Karte mit jeweils einem Wort enthielt. Die Worte mussten von der Familie zusammengepuzzelt werden und ergaben dann die Einladung zu unserer Hochzeitsfeier am 25. Juni 2009. Unsere Eltern waren aus dem Häuschen, und alle freuten sich für uns.

Wir hatten eine lustige Trauung, anschließend streuten unsere erwachsenen Nichte und Neffe Blümchen für uns. Ein Rolls-Royce, den die drei Brüder von Karsten für uns gemietet hatten, brachte uns zur Feier ins Berggasthaus Niedersachsen. Ein wunderschöner Abend, gutes Essen und beste Stimmung waren der Start in unsere Ehe.

Heute, fünf Jahre später wissen wir: Es war eine sehr gute Entscheidung. In der Zwischenzeit hat unsere Hündin Lara die Familie komplettiert, wir sind viel mit ihr unterwegs, wandern im Deister und nutzen die Freizeit, um mit unserem Wohnmobil umherzufahren.

Eroberung
nach alter Schule

Oberschwester passt auf

Gertrud Weberling kommt vom Rendezvous „früh" heim

Am 19. Juni 1954 lernten mein Mann und ich uns auf einer Busfahrt des „Ostfriesenvereins" kennen (ich bin Ostfriesin). Die erste Station dieser Fahrt war die Marienburg. Dort begegneten sich unsere Blicke das erste Mal intensiv! Abends wurde in Schulenburg in einem Lokal getanzt. Mein Mann schickte seinen Cousin vor, der sollte testen, ob ich auch tanzen konnte. Ich konnte! Wir tanzten den ganzen Abend zusammen und verabredeten uns

Jubiläum:
Dr. Ernst-L. und
Gertrud Weberling
feiern 2008 ihre
goldene Hochzeit.

für den nächsten Tag am Maschsee auf den Maschseeterrassen. Auch dort tanzten wir, bis dort Schluss war! Da es ein lauer Sommerabend war, gingen wir schon damals schwer verliebt lange am Maschsee spazieren. Mein Mann brachte mich morgens um sechs Uhr zum Annastift zurück, wo ich als Praktikantin arbeitete. Ich schlich mich am Nachtportier vorbei und hoffte, dass er mich nicht gesehen hatte.

Ich war erst 19 Jahre alt, damals war man noch nicht volljährig. Doch ich wurde, da ich so „früh" nach Hause gekommen war, aufgeschrieben und der Oberschwester gemeldet. Am nächsten Tag musste ich bei ihr erscheinen und berichten, wo ich eine Nacht lang gewesen war. Ich stellte meinen Mann nach einiger Zeit vor, und die nette Oberschwester war beruhigt. Im September desselben Jahres fuhr ich mit meinem Mann nach Ostfriesland und stellte ihn meinen Eltern vor. Auch bei denen war es sofort eine große Sympathie. So begann sehr schnell eine wahre Liebesgeschichte, die bis heute nach genau 60 Jahren „Kennenlernen" auf der Marienburg gehalten hat.

1958 haben wir geheiratet, 1983 Silberhochzeit und 2008 goldene Hochzeit gefeiert. Mit uns feierten drei Kinder, drei Schwiegerkinder und vier Enkelkinder. Nun wohnen mein Mann und ich seit einem Jahr in einer schönen, guten und harmonischen Altenwohnanlage in Anderten. Wir haben eine wunderschöne Wohnung. Trotz der Krankheit meines Mannes (Demenz) sind wir dankbar und glücklich, dass wir hier sein können und wir noch beide zusammen sind.

Gertrud und Ernst-L. Weberling

Wohnort: Hannover-Anderten
Alter: 81 und 79 Jahre
Verheiratet seit: 1958
Gemeinsamkeiten: drei Kinder, vier Enkelkinder, tanzen, Fahrrad fahren, Schwimmen, Kreuzfahrtreisen

Mit Erlaubnis

Kurt Bartels verliebt sich in die Tochter des Bürgermeisters

*I*n den Nachkriegsjahren waren die Schützenfeste in einer Kleinstadt wie Lehrte ein herausragendes gesellschaftliches Ereignis. Das Schützenfest in Lehrte dauerte drei Tage, jeden Abend ab 20 Uhr war Ball, ab 19 Uhr war das Festzelt schon überfüllt. An einem besonderen Tisch am Rande der Tanzfläche saßen die Honoratioren des Ortes: neben den Vorsitzenden der beiden Schützenvereine der Bürgermeister, weitere Ratsmitglieder und Vertreter der örtlichen Wirtschaft, alle mit ihren Gattinnen. Diskotheken gab es damals noch nicht, und für junge Mädchen war es unmöglich, allein zu Tanz-

Kurt und Margrit Bartels bei ihrer Hochzeit. 50 Jahre später erneuern sie ihr Eheversprechen.

veranstaltungen zu gehen. So saßen bei den genannten Honoratioren oft auch ihre Töchter und warteten darauf, zum Tanz aufgefordert zu werden.

Ich war damals Mitglied im Fanfarenzug der Bürgerschützen und selbstverständlich jeden Abend anwesend. Die Tochter des Bürgermeisters, Margrit Witte, war mir aufgefallen. Sie war ein hübsches Mädchen und trug wunderbare weit schwingende Kleider. Ich forderte sie so oft wie möglich zum Tanz auf, manchmal ließ sie sich auch zu einem Gang über den Festplatz und zu einer Runde in einem Fahrgeschäft einladen.

Am letzten Tag überlegte ich, wie ich die angebahnte Bekanntschaft fortsetzten könnte. Ich war seit einigen Monaten stolzer Besitzer eines Motorrollers, und so lud ich sie ein, am kommenden Sonntag mit mir zum Lichterfest nach Herrenhausen zu fahren. Wie mir Margrit später erzählte, hatte sie noch gar keine Lust zu einer festen Bekanntschaft, denn sie war erst 18 Jahre alt, und wenn man damals „fest miteinander ging", galt man fast als verlobt. So erwiderte sie etwas hinterlistig: „Ich komme mit, wenn mein Vater es erlaubt."

Hinterlistig war die Antwort aus folgendem Grund: Wenige Tage vorher war ihre zwei Jahre ältere Schwester mit ihrem Freund auf einem Motorroller verunglückt und lag noch im Krankenhaus. Sie glaubte, ihr Vater würde es nicht erlauben, dass nun auch noch die jüngere Tochter auf einen Motorroller steigen wollte.

Margrit und Kurt Bartels

Wohnort: Lehrte
Alter: 81 und 75 Jahre
Verheiratet seit: 1961
Gemeinsamkeiten: zwei Söhne, drei Enkeltöchter, sehr viel wandern, im Chor singen, leidenschaftliche Schützen

Also suchten wir ihren Vater, um ihn zu fragen. Wir fanden ihn an der Sektbar in fortgeschrittener Sektlaune. Für den Bürgermeister war ich allerdings kein ganz Fremder. Ich war damals ein junger Angestellter in der Stadtverwaltung, und er kannte mich, wenn auch oberflächlich. Als ich ihm mein Ansinnen vortrug, erwiderte er leutselig: „Herr Bartels, ich kenne Sie als vertrauenswürdigen Mann, ich wünsche Ihnen mit meiner Tochter viel Vergnügen". Nun musste Margrit ihr Versprechen einlösen und mitfahren.

Es wurde ein sehr schöner Abend. Die Fahrt auf dem Motorroller gefiel Margrit sehr, und so lehnte sie weitere Einladungen nicht mehr ab. Ich war damals wie heute sehr unternehmungslustig, und so machten wir häufig Ausflüge in den Deister, den Süntel oder die Südheide, manchmal sogar in der Woche nach Feierabend. Wenn andere ins Kino gingen, wanderten wir durch die Wälder unserer Heimat. Allmählich wurde aus der Motorroller-Freundschaft Liebe.

Es dauerte vier Jahre, bis wir heirateten, denn ich musste erst etwas für meine Karriere tun. Bei unserer Hochzeit standen die Mitglieder des Fanfarenzuges vor der Kirche Spalier. Im Jahr 2011 haben wir nun schon unsere goldene Hochzeit gefeiert; wir haben unser Eheversprechen in einer kleinen kirchlichen Zeremonie erneuert, unsere Gäste standen wieder vor der Kirche Spalier, und es waren noch immer viele frühere Fanfarenzugmitglieder darunter.

Das große Los

Im Jahr 1999 war ich Mandatsträgerin der SPD im Bezirksrat Döhren/ Wülfel. Aufgrund dieses Amtes bekam ich auch immer wieder Einladungen als Ehrengast. So auch von der Schützengesellschaft Wülfel für ihren Damenball im Februar 1999. Da alle meinten, dass ich aus unserer Fraktion am besten tanzen kann, sollte ich auch hingehen. Gesagt, getan. So saß ich zusammen mit der Abgeordneten der FDP am Tisch der Ehrengäste und unterhielt mich.

Irgendwann wurden wir beiden Frauen von zwei Schützen zum Tanz aufgefordert. Mein Tanzpartner war jung und der Jugendschießsportleiter des Vereins. Höflich wie ich bin, tanzte ich mit ihm. Etwas steif, aber doch anregend. Wir tanzten und unterhielten uns den ganzen Abend. Da wir beiden Frauen aber noch eine andere Verabredung außerhalb der Tanzveranstaltung hatten, verabschiedeten wir uns schon gegen Mitternacht von unseren „Kümmerern", denn wir gingen davon aus, dass sie dafür vom Verein abgestellt worden waren.

Mein Tanzpartner fragte mich zum Schluss, ob er mich wiedersehen könnte. Ich erklärte ihm dann, dass ich alleinerziehende Mutter wäre und schon einen Sohn hätte. Er wäre wohl etwas zu jung für mich. Wenn er aber trotzdem Interesse hätte, wäre ich jeden Freitag im Stadionbad zum Schwimmtraining meines Sohnes. So war es dann auch den Freitag darauf. Ich zog nebenher meine Bahnen und dachte nicht mehr wirklich an den Schützen, als er plötzlich vor mir stand und meinte: „Hier bin ich." Er zog nun mit mir seine Bahnen, obwohl ihm anzumerken war, dass Schwimmen nicht seine große Leidenschaft war.

Wir verbrachten den Abend zusammen und ab da noch mehr Abende und Tage. Im Herbst des gleichen Jahres gingen wir auf den Bruchmeisterball im Kuppelsaal. Mein Schütze war nämlich zum Zeitpunkt des Kennenlernens amtierender Bruchmeister. Auf dem Ball fand um Mitternacht eine Tombola statt mit vielen tollen Preisen. Ich hoffte auf die Ballonfahrt. Rüdiger, so heißt mein Schütze, wollte sich nicht mit den kleinen Preisen zufrieden geben. Schließlich saßen wir mit dem Sponsor des Hauptpreises durch Zufall am gleichen Tisch. Er sagte noch im Spaß, wenn ich den Hauptpreis, eine Reise in die Dominikanische Republik, gewinne, dann heiraten wir. So wurden die Nummern der kleinen Preise gezogen. Leider waren wir nicht dabei. Dann der Hauptpreis, und wie der Teufel es will, war Rüdiger wirklich der Gewinner. Er ging dann nach vorn , um seinen Preis in Empfang zu nehmen. Dabei grinste er schon. Er nahm das Mikrofon und fragte mich vor allen Leuten, ob

Marion Bode-Pletsch und Rüdiger Pletsch leben in einem kleinen Reihenhaus.

das unsere Hochzeitsreise wäre und ich seine Frau werden möchte. Konnte ich da Nein sagen? Zumal es am nächsten Tag in der Zeitung stand.

So sind wir dieses Jahr im August 13 Jahre verheiratet, haben ein kleines Reihenhaus und zwei entzückende Kinder von fünf und elf Jahren. Er war nicht zu jung für mich, und er kümmert sich noch heute ganz rührend um mich, denn dazu war er wirklich damals bestimmt worden.

Marion Bode-Pletsch und Rüdiger Pletsch

Wohnort: Laatzen
Alter: 46 und 43 Jahre
Verheiratet: seit 2001
Gemeinsamkeiten: zwei Kinder, fahren gern mit dem
Wohnmobil nach Kroatien und lieben das Gesellige

Das Fräulein Geber

Was sich neckt, das liebt sich, weiß Ingrid Willing

Es war einmal vor vielen Jahren, um es genau zu sagen, es war 1952, als sich junge Leute noch siezten.

Der Herr Willing und das Fräulein Geber begegneten sich in einem Kurs der VHS, der „Arbeit und Leben" hieß. Wir hatten nach den schrecklichen Kriegsjahren viel nachzuholen.

Um es gleich zu sagen, es war keine Liebe auf den ersten Blick. Denn der große, blonde, blauäugige Herr Willing sah sehr spöttisch herab auf das kleine, dunkelhaarige, etwas pummelige Fräulein Geber. Und das kleine Fräulein Geber ärgerte sich sehr, wenn er „ach, das kleine Fräulein Angeber" sagte. Und wenn das kleine Fräulein Geber dran war, einen Wochenbericht zu schreiben über die politische Lage damals, und ihn vorlas, dann zerpflückte er ihn, dass auch gar nichts davon übrig blieb. Und das kleine Fräulein Geber hatte einen großen Zorn auf den Herrn Willing!

Nach einem halben Jahr Arbeit fand unser Kursleiter, dass es an der Zeit wäre, einmal gemütlich in einer Kneipe zusammenzusitzen. Das kleine Fräulein Geber hatte insgeheim gehofft, dass sich ein gewisser anderer Herr neben sie setzen würde. Aber dieser gewisse Herr war gar nicht erst gekommen, stattdessen setzte sich der Herr Willing neben sie.

Und was soll ich, das Fräulein Geber, sagen, er war jetzt gar nicht so unsympathisch. Er erzählte sehr nett, und er liebte das Theater. Er wohnte nicht weit vom Schauspielhaus entfernt, Gustaf Gründgens war zu der Zeit Intendant in Düsseldorf, er stellte sich Sonntagmorgens dort an, um die billigen Karten für eine DM zu bekommen. Als ich ihn bat, doch für mich auch einmal eine mitzubringen, war er sofort dazu bereit. Zwei Tage später klingelte er bei der Firma an, in der ich arbeitete, verlangte das Fräulein Geber und erzählte mir, dass er Karten habe, sogar für eine Premiere. „Undine" von Jean Giraudoux gab es aber nicht für eine, sondern für fünf DM. Ich freute mich.

Ja, und da sind wir zwei zum ersten Mal ausgegangen. Der große lange Heinz und die kleine Ingrid. Heinz rauchte damals noch nicht, dafür aß er Bonbons, er brachte eine Menge mit, und wir raschelten tüchtig mit dem Papier während der Vorstellung. Beim Verabschieden, immer noch per Sie, verabredeten wir uns für den kommenden Sonntag. Heinz oder besser gesagt der Herr Willing schlug vor, einen Abend im „Tabu" zu verbringen, denn da gab es Tanz. Tanzen war seine Leidenschaft, meine nicht unbedingt. Da ich aber die Gesellschaft des großen Herrn Willing nicht als unangenehm empfand, sagte ich zu. An dem Sonntag im „Tabu" haben wir dann auch nicht viel getanzt, er merkte sehr schnell, dass es mit mir nicht das Optimale war, aber wir haben viel erzählt, und das war für mich sehr schön!

Bei einem Glas Wein hat er mir das Du angeboten! Jetzt, nach dem lange überlegten Du, stellten wir fest, wir hatten Hunger, aber kein Geld. So schlug Heinz vor: „Gehen wir doch zu meinen Eltern, es ist gar nicht weit, und da gibt es auch was zu essen." Vor dem Haus angekommen, hatte ich Hemmungen. „Ich kann doch nicht so einfach bei deinen Eltern auftauchen und dann auch noch mit Hunger." Kurz und gut, Heinz ging hinein, schmierte zwei Stullen, brachte sie hinaus, und wir bummelten weiter durch Düsseldorf.

Am nächsten Sonntag trafen wir uns wieder. Nach einem ausgedehnten Spaziergang hatten wir wieder Hunger und kein Geld. Derselbe Vorschlag wie am Sonntag zuvor: „Gehen wir doch zu meinen Eltern." Und diesmal bin ich mit hineingegangen. Mein Herz schlug bis zum Hals, und ich zitterte ein wenig, aber ich wurde mit den Worten begrüßt: „Ach, Sie sind also die Ingrid, dann können Sie gleich mal den Tisch decken, das Geschirr steht links in dem Schrank." Vor lauter Aufregung stellte ich die Tassen nicht rechts vom Teller hin, sondern links – was mir hinterher sehr peinlich war.

Am 14. Dezember 1952, dem Geburtstag meiner Mutter, klopfte

jemand an unserer Tür, in Düsseldorf-Eller, es war der große Heinz. Er war mit Bernd, seinem Freund, umhergefahren und hatte mich gesucht. Frisch und fröhlich begrüßte Heinz meine Mutter, dann meinen Vater, was meine Mutter zu der Bemerkung veranlasste: „Hast du gesehen, er hat ihm guten Tag gesagt, es ist ein Wunder geschehen!" Denn das Begrüßen meiner Freunde war keine Selbstverständlichkeit bei meinem Vater, er war äußerst kritisch, um nicht zu sagen unhöflich ihnen gegenüber. Die Klippe war überwunden, und ich durfte – oh Wunder – mit Bernd und Heinz ins Kino gehen. Ja, das war der Anfang von 54 Jahren Gemeinsamkeit. Aber wie ging es weiter? Wir machten mit den Fahrrädern Touren, zwei oder drei Tage über Ostern und Pfingsten, übernachteten in Jugendherbergen, lernten uns näher kennen, stellten fest, trotz der Größenunterschiede passten wir doch ganz gut zusammen. Und ich, ich mochte ihn immer mehr.

Im Sommer 1953 machten wir eine Reise mit den Drahteseln durch Holland. Es war meine erste Auslandsreise. Wieder übernachteten wir fast nur in Ju-

Als Ingrid und Heinz Willing sich kennenlernten, sah es nicht so aus, dass sie viele gemeinsame glückliche Jahre haben würden.

gendherbergen. Alles war aufregend, das Land, das Essen – wir lernten Pommes aus der Tüte kennen mit Majo oder Ketchup, Heringe aus der Hand und Fließkroketten aus dem Automaten. Zum ersten Mal aßen wir in Amsterdam bei einem Chinesen. Seinen Namen wissen wir noch heute: Dong-Hing. Ein dicker fetter und nicht ganz sauberer Chinese hatte sein Lokal im Hafenviertel, nebenan saßen die käuflichen Mädchen in den Schaufenstern. Er freute sich, wenn junge Leute zu ihm kamen und sich für einen Gulden und 50 Cent rundherum satt aßen. Und auch eine ganz andere Art zu leben, fortschrittlicher, sahen wir. Denn ab und zu gönnten wir uns eine Auszeit von den Jugendherbergen, wo Mädchen und Jungens getrennt schliefen. Wir fragten in kleinen einfachen Hotels nach zwei Zimmern, um zu übernachten. Und die erstaunten Holländer fragten irritiert: „Zwee Kammern? Eene Kammer!" Dumm wie wir waren, sagten wir „zwei Kammern". Wir bekamen zwei, bezahlten zwei und schliefen in einer.

Im Sommer 1954 kaufte Heinz eine Vespa. Eine Riesenanschaffung für ihn. Mit diesem kleinen Reppelchen machten wir jetzt – ohne uns abzustrampeln – viele Fahrten. Im September fuhren in den Westerwald. Nicht mehr ganz so dumm wie im Jahr zuvor in Holland, nahmen wir uns in einem kleinen Hotel ein Zimmer, und in diesem Zimmer, als wir beide unter der Bettdecke kuschelten, fragte Heinz mich, ob ich seine Frau werden wollte. Das war der Anfang unserer Kuschelei, die bis zu seinem Tod vor vier Jahren dauerte.

Ingrid und Heinz Willing

Wohnort: Langenhagen
Alter: 84 und † 2010
Geheiratet: 1955
Gemeinsamkeiten: drei Kinder, neun Enkel und zwei Urenkel,
viele gemeinsame Reisen, Gartenarbeit, tanzen

18.920 Tage Liebesbeweis

Hans-Joachim Vogelpohl sticht alle „Werber" aus

Im Juli 1957 bin ich mit Koffer, Fahrrad, Genehmigung und 200 Mark aus der DDR in Hannover angekommen. Mein Ziel war auch Hannover, doch zuvor musste ich Flüchtlingslager kennenlernen. Dank meiner Großtante in Braunschweig lebend, dem Nachweis einer Arbeitsstelle und einer Wohnung (besser gesagt Zimmer) der AWO am Waterlooplatz, erhielt ich als einziger DDR-Flüchtling die Zuzugsgenehmigung für Hannover. Man nannte es damals Familienzusammenführung. Niedersachsen war damals schon Sperrgebiet für DDR-Flüchtlinge. Am 1. Januar 1959 zog ich um. Privat zum Lindener Markt. Arbeit hatte ich immer, doch das Junggesellenleben war nicht immer das, was ich mir erhoffte. Trotz Mädchen, Tanzen und Bier erlebte ich Zeiten der Einsamkeit. Während andere Jungens nach Hause zu Muttern fuhren, hatte ich nur brieflichen Kontakt mit zu Hause. Dann kam die Zeit, wo ich ernsthaft überlegte: So geht es nicht weiter.

Annigret und Hans-Joachim Vogelpohl

Wohnort: Hannover-Döhren
Alter: 75 und 78 Jahre
Verheiratet seit: 1963
Gemeinsamkeiten: ein Sohn, Tanzen, Deutschlandreisen

Pfingsten 1962 – ich besuchte die Maschsee Gaststätten, abends wegen des Tanzes. Als ich den Tanzsaal betrete, sehe ich eine tanzende Frau an mir vorbeirauschen. Was war das? Ich bekam ein berauschendes Gefühl in der Magengegend. Ich schaute in die tanzende Menge, sie war aber nicht mehr zu sehen. Doch der Wille war da: Die musst du kennenlernen.

Ein Ober führte uns an einen Tisch für vier Personen, worauf zwei Damentaschen standen. Als die Tanzrunde zu Ende ging, bekam ich zum zweiten Mal das komische Gefühl in der Magengegend. Warum? Zwei Frauen setzten sich an unseren Tisch, genau neben mich, der Grund meines Magengefühls. Ich konnte vor innerer Aufregung nichts sagen. Als die nächste Tanzrunde begann, ein Männerschwarm kam zu unserem Tisch, war ich der Erste, der damals sagte: „Darf ich bitten?" Von da ab hatte kein „Werber" die Chance,

Annigret und Hans-Joachim Vogelpohl lernen sich beim Tanzen kennen und bleiben viele Jahre zusammen.

meine Nachbarin zum Tanz aufzufordern. Wir tanzten, als wenn wir uns schon lange kannten. Der Tanzabend ging zu Ende (0.30 Uhr), ich lud meine Partnerin zum Mocombo-Club ein. Fräulein Grums willigte ein. Dort erlebte ich sie ganz anders – aber zu meiner Freude. Sie zeigte ihre ganze Wildheit im Tanzen. Danach trafen wir uns ständig, entweder ich fuhr nach Döhren, oder sie besuchte mich am Lindener Markt.

Weihnachten 1962 war Verlobung und am 1. März 1963 die Hochzeit. Es gab auch einen Grund: Es hatte sich wer angemeldet. Unser Sohn kam am 15. Juni 1963 zur Welt. Die Hochzeit fand ohne meine Eltern statt. Sie waren noch keine Rentner, 63 beziehungsweise 57 Jahre alt. Es hört sich ironisch an: Die Organe der DDR konnten ihren Werktätigen nicht die Sicherheit im Westen gewähren, nur den Alten, den Rentnern.

Der Anfang unseres Ehelebens war schwer, aber auch glücklich. Später erhielten wir eine Dreizimmerwohnung, die nicht die letzte war. Obwohl manche Neider uns das lange Zusammensein nicht voraussagten, haben wir das Gegenteil bewiesen. Wir sind durch dick und dünn gegangen, auch gab es „graue Tage", aber länger als 15 Minuten gab es keine Funkstille. Im Frühjahr 2012 erfuhren wir die Hiobsbotschaft, meine Frau betreffend, man stellte Demenz fest und dazu einen Gehirntumor vierten Grades. Seitdem pflege ich Annigret aufopferungsvoll, immer mit dem Ziel: Wir wollen noch lange zusammenleben, auch ohne Wildheit.

Auf die Sekunde

Hans Will handelt blitzschnell in Sachen Liebe

Die Trümmer eines furchtbaren Krieges verschwanden allmählich aus dem Stadtgebiet und dem täglichen Gesichtskreis. Die weitaus meisten Menschen, die über das Inferno mehr oder weniger gut hinweggekommen waren, begannen sich langsam in ihrem neuen Umfeld einzuleben.

Nachdem ich Anfang 1945 in Ostpreußen als Kind die Kriegsfurie und ihren Folgen erlebt hatte, steckte ich ab 1947 als Zimmererlehrling in vielen bombengeschädigten Häusern Hannovers. Es war für mich und die Älteren eine sehr schwere Arbeit, die wir verrichten mussten. Meist kam ich abends verschwitzt, dreckig und rußgeschwärzt nach Hause. Die Dachhölzer und Deckenbalken waren in sehr vielen Häusern teilverbrannt und mussten stabilisiert werden. Wir haben uns damals unter den schweren Bedingungen, der oft simplen zur Verfügung stehenden Technik und einer mangelhaften unzureichenden Ernährung sehr gequält.

Doch nach der Lehre winkte am nahen Horizont das Studium. Das war für mich ein Aufstieg, dem ich hoffnungsfroh entgegensah. Doch die Hürden waren für mich sehr hoch. Ich stieß im Ausleseverfahren auf eine sehr große Anzahl von Mitbewerbern, die älter als ich waren und die als Kriegsteilnehmer bereits von früher ein Abitur oder einen Realschulabschluss hatten. Es waren gestandene Männer, die bereits zum Teil für Familien Verantwortung trugen. Sie suchten den Berufseinstieg über das verkürzte Studium an dieser Schule, die der Vorläufer der heutigen Fachhochschule war. Doch der Sprung, der für mich unter diesen und meinen Voraussetzungen beachtlich war, klappte. Die Jugend verleiht Flügel. Noch lagen Trümmerberge an den Straßenrändern, aber ich hatte das Gefühl, in die Welt mit großen Erwartungen gehen zu können. Es war das Jahr 1951. Zuerst hieß es jedoch, hart zu arbeiten und eisern zu sparen, denn das Studium musste ich mir zum sehr erheblichen Teil selbst finanzieren. In den Sommersemesterferien konnte ich mir meine Kasse immer wieder gut auffüllen. Die Baubranche boomte. In den Wintersemesterferien, die nur kurz waren, arbeitete ich in einer Fabrik, die Kunstleder herstellte. Es war ein neues Produkt in einer neuen Zeit. Wer heute unter den damaligen Arbeitsbedingungen so etwas machen würde, landete auf kürzestem Wege im Gefängnis.

Im März 1954 schaffte ich mein erstes Examen, wollte jedoch noch ein Ergänzungsstudium anhängen. Das erzielte Ergebnis war so gut, dass es für mich wirklich etwas zu feiern gab. Studienkollegen und Freunde, mit denen ich anfangs an einer anderen entsprechenden Schule einige Semester studiert hatte, luden mich zu ihrer Abschlussfeier ein. Ich freute mich über diese Einladung und sagte zu. Ein nach dem Krieg neu eingerichtetes Weinlokal,

Edith und Hans Will: Ihr Glück sieht man ihnen damals (1957) wie heute (2011) an.

das „Fröhlicher Weinberg" hieß und im Zentrum Hannovers lag, hatten sie sich hierfür ausgesucht. Es war für die damaligen Ansprüche ein hübsch eingerichtetes Haus mit einem guten Niveau und hinnehmbaren Preisen. Das war für uns alle schon wichtig, denn das richtige Geldverdienen sollte doch erst anfangen. Eine kleine Kapelle mit einem langen, schlanken Leiter spielte fröhliche und gute Tanzmusik. Sein Erkennungszeichen war, wenn er von Zeit zu Zeit „Freude! Freude!" ausrief. Ich musste an diesem Abend ohne Begleitung zu diesem Vergnügen gehen, das heißt, ich war solo. Beim Hineingehen traf ich an der Garderobe einen Freund an, neben dem eine junge, schlanke Dame mit einem bildhübschen Gesicht stand, aus dem zwei samtbraune große Augen von unendlicher Tiefe herausschauten. Wer ist das, fragte ich, ihn beiseitenehmend, sofort. Es war eine Freundin seiner Freundin, die sie eingeladen hatten, da noch einige Herren ohne Begleitung gekommen waren.

„Hermann", sagte ich spontan zu ihm, „die sitzt an meinem Tisch!" Es war eine Entscheidung in dem Bruchteil einer Sekunde. Auf einer gemeinsamen Uhr liefen von da an unsere Sekunden gemeinsam ab. Und heute, nach 60 Jahren, ist diese Uhr noch keineswegs reparaturbedürftig. Der „Fröhliche Weinberg" ist verschwunden. In dem verworrenen Gebäudekomplex fanden große Umschichtungen in Form von Neu- und Umbauten statt.

Edith und Hans Will

Wohnort: Garbsen
Alter: 81 und 79 Jahre
Verheiratet seit: 1955
Gemeinsamkeiten: zwei Kinder, zwei Enkelkinder,
Theater, Wandern, Deutschlandreisen

Seine Flächen befinden sich in dem Anhängsel einer eleganten Einkaufspassage. Nur ein Kenner kann die Stelle näher bestimmen, an der sich der „Fröhliche Weinberg" befunden hat. Es bereitet mir heute Freude, mich mit unseren Kindern und Freunden auf diese Stelle zu stellen, an der einmal das Lokal existierte. Und dann erzähle ich diese schöne Geschichte von der jungen Dame mit den wunderschönen Augen und von meinem Sekundenblitz.

Ich studierte noch einige Semester und machte anschließend mein zweites Examen. Aber bis dahin wählte ich jeden Freitagabend oder auch früher die Telefonnummer 71414. Eine weiche, fröhliche Stimme meldete sich. Es wurde immer ein schönes Wochenende, obwohl meine Zeit wegen des Studiums eng bemessen und mein Geldbeutel sehr klein war.

71414 – sie ist wohl die einzige Telefonnummer, die ich in meinem Gedächtnis gespeichert habe.

Zum Glück
auf Umwegen

„Und wer sind Sie?"

Reitsport bringt Gisela Gräfin von Arnim Glück

Als Zuschauer nahm ich 1955 mit Freunden am Wiesbadener Reitturnier zu Pfingsten und abends am Ball im Kurhaus teil. Im Lauf des Abends sprach mich plötzlich ein junger Mann an: „Bist du nicht die Tochter von Kathrinchen Arnim?" „Ja, und wer sind Sie?", drehte ich mich etwas konsterniert zu ihm um, denn in jenen Jahren duzte man sich untereinander auch als junge Menschen nicht, wenn man sich nicht kannte.

„Sieghart Arnim aus Boitzenburg", stellte er sich nun artig vor und sagte weiter: „Ich war doch 1934 bei der Hochzeit deiner Eltern in Kröchlendorff/ Uckermark als kleiner Zaungast aus der Nachbarschaft. Ein Vetter hatte

Sieghart Graf von Arnim und Gisela Gräfin
von Arnim bei ihrer Hochzeit und heute.

mich mitgenommen, und ich war begeistert von der schönen blonden Arnim-Braut und ihrem schwarzhaarigen Ehemann Wolf Bernuth auf dem Weg von der Kirche zum Haus."

Dieser Sieghart Arnim und ich tanzten und unterhielten uns nun beim Wiesbadener Ball noch lange, blieben danach jedoch nicht weiter in Kontakt. Unsere Familien kannten und mochten sich, nur wir beide waren uns bisher noch nicht begegnet. Schließlich war er sieben Jahre älter als ich, so trennten uns Welten in unserer Kindheit.

Er war in der chemisch-pharmazeutischen Industrie in Darmstadt berufstätig und häufig im Ausland dienstlich unterwegs. Ich hatte in Hannover im Grand Hotel Mussmann eine Lehre als Hotelkaufmann gemacht (damals gab es den Begriff Hotelkauffrau noch nicht), besuchte gerade die Hotelfachschule in Bad Reichenhall und stand kurz vor dem Abschluss meiner Ausbildung. Ein Jahr England und danach St. Moritz/Schweiz schloss sich an.

Während meiner Zeit im Ausland fand 1956 in Stockholm die Reiterolympiade statt, bei der Sieghart Arnim als Zuschauer dabei sein wollte. Wegen der langen Autofahrt von Darmstadt bis Stockholm erbat er sich ein Nachtquartier bei meinen Eltern in Hannover, das sie ihm mit Freuden gewährten. So schlief er, lange bevor wir zusammengehörten, bereits in meinem Bett!, wie ich später hörte.

1957 Anfang Mai trafen Sieghart und ich bei einer Arnim-Tante in Darmstadt wieder zusam-

Gisela Gräfin und Sieghart Graf von Arnim

Wohnort: Isernhagen-Süd
Alter: 86 und 79 Jahre
Verheiratet seit: 1957
Gemeinsamkeiten: Internationalität, Bücher schreiben, Geschichte
und Kultur, Kirche, Natur- und Heimatliebe

men. Ich war inzwischen im Schlosshotel in Kronberg/Taunus tätig und plante, noch im gleichen Jahr in die USA zu reisen, um auch dort im Hotel zu arbeiten. Als Sieghart mich von Darmstadt nach Kronberg brachte, tat, wie er sagte, an dem Grenzstein oberhalb des Opel-Zoos bei Königstein sein Herz einen Sprung, den er physisch zu fühlen meinte. Da hatte ihn Amors Pfeil getroffen!

Nun ging alles recht schnell und etwas anders als von mir geplant. Stornierung der USA-Pläne, Verlobung am 30. Mai (damals grassierte der Schlager „Am 30. Mai ist der Weltuntergang"), Hochzeit im September in Hannover. Unser aufstrebender Stadtteil Isernhagen-Süd hatte noch keine eigene Kirche. Wir wurden im Fasanenkrug getraut, dessen Gaststube zum Kirchraum umfunktioniert wurde.

Mit viel Mühe und einem beträchtlichen Baukostenzuschuss fand Sieghart im vom Krieg noch ziemlich zerstörten Darmstadt eine passende Wohnung für uns. Wir bekamen drei Söhne, bauten ein Haus und lebten Jahrzehnte fern von Hannover. 1996, Sieghart war seit Längerem pensioniert, unsere Söhne längst erwachsen, drei Schwieger- und vier Enkelkinder hatten die Familie aufs Schönste vergrößert, zogen wir strahlend nach Hannover in unser Haus mit Garten. Inzwischen gibt es auch eine Kirche in unserem Stadtteil, die St. Philippusgemeinde.

Allem getrotzt

Hans-Jürgen Meyer gibt Beruf für Liebe auf

An diesem besagten Silvesterabend vor 21 Jahren tauchte ein junger Mann, so Ende zwanzig, eher jünger aussehend, bei unserem Fest zum Jahresende auf, den ich bis dahin noch nie gesehen hatte. Das Fest fand in der Laatzener Thomasgemeinde statt, in der wir als Ökumenische Gemeinschaft Homosexuelle und Kirche – HuK Hannover e. V. – eine Heimat gefunden hatten. Wilhelm, unser DJ, hatte ihn eingeladen.

Er machte einen sehr sympathischen Eindruck, etwas schüchtern, aber ganz schön keck. Irgendwie gefiel mir seine erfrischende, unkomplizierte Art. Wir haben uns an diesem Abend nur kurz unterhalten, und ich habe dabei erfahren, dass er aus der Nähe von Eschede, genauer aus Dalle kam. Dort arbeitete er als Gärtner in einer anthroposophisch orientierten Behinderteneinrichtung. Dalle war nicht gleich um die Ecke. Alle Achtung, das war Einsatz!

Ich wusste nicht, dass Bernd von mir schon in der Zeitung etwas gelesen und auf mich ein Auge geworfen hatte. An diesem Abend gingen wir auseinander mit der losen Hoffnung, einander wiederzusehen. Tatsächlich tauchte Bernd wieder in Laatzen in der HuK-Gemeinschaft auf. Am Ende unseres Abends machte er mir das Angebot, mich nach Hause zu fahren, wenn ich wolle. Das ließ ich mir natürlich nicht zweimal sagen.

In seinem Auto kam ich mir vor wie auf meinem Sofa. In seinem „Schlachtschiff" wie ich es nannte, fuhr er mich in die Oststadt, in die Große Pfahlstraße. Und es kam, wie es kommen sollte, wir kamen uns näher. Das war ein schönes Gefühl, das ich schon lange vermisst hatte: Ich fühlte mich an diesem Abend rundherum wohl. Das Herz fing an, über den Kopf zu siegen. Die Telefonrechnung stieg, die Abstände bis zum Wiedersehen verkürzten sich.

Wenn die Sehnsucht zu groß war, dann schnappte ich mir mein Fahrrad, stieg in den Regionalzug nach Eschede und fuhr die letzten sechs Kilometer unter Lebensgefahr auf der Bundesstraße 191 nach Dalle. Der Radweg wurde erst viel später gebaut. So hat alles angefangen. Wir haben uns gefunden, und darüber haben nicht nur wir uns, sondern sich auch viele Mitmenschen gefreut und uns im Miteinander begleitet. Unsere Beziehung hat sich bewährt. Wir haben Nähe hergestellt, Gefühle gezeigt und das Wunder der Berührung erlebt und festgestellt: Glück ist nicht nur ein Traum, eine Sehnsucht, ein Wort, sondern es wird immer wieder wahr: Glück ist möglich. Das kann man nicht herbeizwingen, aber es ist ein großartiges Geschenk.

Die „Sterne" standen am Anfang nicht gut für uns. Zwei vorhergehende langjährige Beziehungen waren gescheitert, weil meine Partner dem massiven Druck, dem wir ausgesetzt waren, nicht standgehalten haben, weil

Für das Hochzeitsfoto haben sich Hans-Jürgen Meyer (links) und Bernd Iwan lustig in Szene gesetzt.

meine Landeskirche von mir verlangte, mich zwischen Beruf und Liebe zu entscheiden. Ich habe mich 1984 für die Liebe entschieden, auch wenn ich deswegen 16 Jahre als Pastor meinen Beruf nicht wahrnehmen durfte. Das ist inzwischen Gott sei Dank anders. Bernd blieb trotz äußerer Schwierigkeiten und auch, als ich ihm offenbarte, dass ich mit dem HI-Virus infiziert und an Aids erkrankt bin.

Wir beide sind sehr unterschiedlich. Ich ein Stadtmensch; Bernd, von Beruf und aus Leidenschaft Gärtner, liebt das Land. Ich reise gerne, mein Mann ist häuslicher und hat Angst vorm Fliegen. Meine zahlreichen Ehrenämter lassen die gemeinsame Zeit schon mal knapp werden. 15 Lebensjahre trennen uns. Wir streiten uns auch kräftig, wenn es sein muss. Wir haben durchaus Meinungsverschiedenheiten. Wir sind auch politisch auseinander. Aber darin sehen wir eine Bereicherung unserer Beziehung. Unsere Liebe hat sich entwickelt, weil wir ihr Zeit dafür gegeben haben, von Anfang an und ganz bewusst. Das trägt bis heute. Wir empfinden das als Stärke, dass man auch eigene Wege gehen kann, den anderen in seinem So-Sein belässt.

Unser 20-jähriges Beziehungsjubiläum haben wir zum Anlass genommen, am 20. Dezember 2012 standesamtlich und am 31. Dezember 2012 am Silvestertag (unser Kennenlerntag) kirchlich in der Epiphaniasgemeinde zu heiraten und mit einem anschließenden großartigen Fest mit 150 Gästen in den Räumen der Gemeinde zu feiern.

Hans-Jürgen Meyer und Bernd Iwan

Wohnort: Hannover-Sahlkamp
Alter: 65 und 50 Jahre
Verheiratet seit: 2012
Gemeinsamkeiten: ausgedehnte Radtouren, Wanderungen
und Feste feiern

Traumfrau auf Stundenplan

Petar Beres war in Bärbel verliebt, bevor sie sich begegneten

Es war im Jahr 1978. Ich war bei einer Freundin zu Besuch, und es klingelte an ihrer Tür. Ein Freund ihres Mannes wollte sich eine Fotozeitung ausleihen. Sie bat ihn rein, und so lernten wir uns kennen. Zwei Tage später haben wir uns verabredet, da hat er mir schon einen Heiratsantrag gemacht, eine Woche später zogen wir zusammen.

Beim Auspacken in der neuen Wohnung fiel meinem Mann ein Fotoalbum in die Hand, und er blätterte, bis er mich fragte: Wer ist das Mädchen hier? Er hielt einen Stundenplan in der Hand. Ich lachte und sagte, dass ich das bin.

In das Bild des Mädchens auf dem Stundenplan hat sich Petar Beres schon als Jugendlicher verliebt. Es ist Bärbel Beres.

Ich war 15 Jahre alt, als mich auf dem Schulhof Fotografen angesprochen haben, ob sie ein Bild von mir machen könnten für einen Stundenplan. Dieser wurde dann in ganz Europa verteilt. Mein Mann wollte es gar nicht glauben und fragte nochmals nach. Dann erklärte er mir, dass er Mitte der 1960er-Jahre beim Kauf von Schulsachen zwei solche Stundenpläne erhalten hat. Aus einem hat er mich ausgeschnitten, weil er dieses Mädchen so toll fand, und an seinen Schrank geklebt – neben Claudia Cardinale, Brigitte Bardot und anderen Schauspielerinnen. Er sagte zu seiner Mutter: „Das ist meine Traumfrau." Das war in seiner Heimatstadt Subotica, damals Jugoslawien. Er hätte sie gern kennengelernt, und nun hatte er sie! Ist das Zufall?

Weiter stellten wir fest, dass wir uns schon einmal über den Weg gelaufen waren. Ich war im Krankenhaus, und er besuchte dort jemanden. Er pfiff mir im Flur hinterher. Ich konnte mich daran erinnern, weil ich die Frau aus dem Krankenhaus kennenlernte, die er mit ihrem Mann besuchte. Später konnte sich Marika, so heißt sie, auch daran erinnern. Wir trafen uns auch mal beim Altstadtfest, er fand mich toll und kaufte bei mir am Stand ein Schmalzbrot, um mich kennenzulernen. Das klappte aber bei meinem Stress nicht. Er konnte mir aber einige Dinge, die am Stand passierten, erzählen, sodass es stimmte, was er erzählte. So hatten wir drei Begegnungen, bis es dann beim vierten Mal klappte.

Wir sagen immer, es war vorherbestimmt, so viele Zufälle gibt es nicht!

Bärbel und Petar Beres

Wohnort: Hannover
Alter: 64 und 65 Jahre
Verheiratet seit: 1979
Gemeinsamkeiten: Reisen, Fotografieren, Museen und
Galerien besuchen, Inspector Barnaby schauen

Die eifrige Kupplerin

Tanja Klar findet „Goldstück" für Freundin und verliebt sich selbst

Schon vor 15 Jahren war ich „Kupplerin" aus Leidenschaft und versuchte, Leute aus meinem Freundeskreis (heute heißt das Netzwerk) zueinander zu bringen. So auch, als ich mich im Juli 1998 mit zwei Single-Freundinnen zum Stadthallenfest im schönen Stadtpark aufmachte. Es war ein lauer Sommerabend, und ich befand mich in der gefühlten Endphase meiner damaligen Beziehung. So spähte ich mal wieder nach adäquatem Männermaterial für die Solo-Girls an meiner Seite. Als sich eine der beiden groß gewachsenen Freundinnen fragte, wann wohl das Feuerwerk stattfindet, schlug ich vor, doch einen nett aussehenden Mann über 1,90 Meter danach zu fragen. Wir schauten uns um. Als ich endlich einen geeigneten Kandidaten ausgeguckt hatte, hatten sich die beiden Damen woanders festgequasselt. So musste ich das Zielobjekt (Matthias, über 190 Zentimeter) selbst ansprechen (1. „Wie groß bist du?" und 2. „Wann ist denn hier das Feuerwerk?") und mit Witzen über seinen besten Freund, der verdutzt danebenstand, dingfest machen.

Tanja und Matthias Klar

Wohnort: Hannover-Döhren
Alter: 45 und 47 Jahre
Verheiratet seit: 2000
Gemeinsamkeiten: lieben es, Leute zu amüsieren; Mottopartys, brauchen viel Platz zum Tanzen, Skifahren, Tauchen

Die zwei Ladies vermasselten allerdings an dem Abend die Bekanntmachung, und so verloren Matthias und ich uns genauso schnell wieder aus den Augen, wie wir uns getroffen hatten.

Vier Wochen später auf dem Maschseefest, dass ich wieder mit mehreren Mädels besuchte, sprach mich dann ein „Riese" an. Mit genau dem Gag, den ich zuvor im Stadtpark zur „Festsetzung" genutzt hatte. Die Verbindung war mir sofort klar: Es konnte nur der „große Bruder" von Matthias sein, von dem er seinerzeit beim „Große-Männer-Gesuche" berichtete, da der die Zwei-Meter-Grenze locker durchbrach. Kaum hatte ich das Spiel durchschaut, sah ich auch schon Matthias fünf Meter weiter zu mir rübergrinsen.

So mischten sich an der Löwenbastion meine Mädelsgang mit seiner Jungstruppe, und wir verlebten einen herrlichen Abend mit viel Gelächter. Da mein Herz aber noch nicht ganz frei war, wollte ich nicht erkennen, welche Sternschnuppe mir Amor geschickt hatte. Und meiner Kuppler-Natur folgend versuchte ich sogleich, dieses Goldstück von Mann nicht ungeschürft

Tanja und Matthias Klar finden, sie sind aus dem gleichen Holz geschnitzt.

zurückzulassen. So schwatzte ich ihm meine Freundin auf, was er verdutzt zur Kenntnis nahm. Ich dagegen, im Herbst dann selbst wieder Single, nahm verdutzt zur Kenntnis, dass es mich unglücklich machte, wenn er tatsächlich mit ihr zusammen käme. Es brauchte dann nicht mehr lang (einen Urlaub gen Westen meinerseits und einen Urlaub gen Osten seinerseits), um danach seinem sehr einfallsreichen Werben um mich anheimzufallen. Zum Beispiel besuchten wir morgens um 4 Uhr zum Sonnenaufgang den Zoo über eine „Schwachstelle" im Zaun (heute völlig undenkbar) und frühstückten Nutella-Hörnchen mit Blick in ein Tiergehege. Viel zu lange (wie er meint) musste er auf den ersten Kuss warten. Der Heiratsantrag folgte dann sozusagen auf dem Fuße ... Wir waren uns beide sicher, dass wir aus dem gleichen Holz sind.

Und so sind wir mittlerweile am 13. Mai dieses Jahres 14 Jahre glücklich verheiratet, haben zwei süße Kinder und machen immer noch gern Scherze – miteinander und mit unseren Freunden. Und immer wenn wir beim „NP-Rendezvous im Stadtpark" sind, hat das für uns eine ganz besondere Bedeutung, die uns jedes Mal wieder zum Schmunzeln bringt. Die Freundin habe ich übrigens ein Jahr später erfolgreich verkuppelt, und wir haben jeweils auf unseren Hochzeiten getanzt. Und Matthias' Freund, der damals die Zielscheibe meiner Witze war, wurde natürlich unser Trauzeuge.

Gelübde war vergessen

Rita Wienkottes Schwiegermutter hilft nach

Wir schreiben das Jahr 1965. 17 Jahre jung, gerade aus der Pflegevorschule in Velbert in die Ausbildung als Krankenschwester in das Bochumer Augusta-Krankenhaus umgezogen, hatte ich nur einen Wunsch: Nach dem Examen wollte ich zurück in das Diakonie-Mutterhaus, um dort als Diakonisse zu dienen. Männer waren für mich tabu … Eine negative Kindheit lehrte mich das Fürchten vor Männern.

Drei Jahre waren vergangen, ich stand kurz vor dem Examen, als ich auf einer chirurgischen Station eingesetzt wurde. Hier wurde eine Patientin eingeliefert mit dem Verdacht auf Darmkrebs. Diese Patientin hatte mich schnell zu ihrem Liebling auserkoren. Aus Dankbarkeit für alle Aufwendungen animierte sie ihren Sohn, mich zu einem Kaffee einzuladen. Nach langem Bitten ließ ich mich zu einer Einladung bewegen. Zu meiner Fassungslosigkeit erklärte mir dieser junge Student im zweiten Semester, dass er sich vorstellen könnte, mich zu heiraten …

„Nein, kein Gedanke daran, ich bin Gott versprochen", war meine Antwort. Er war auch gar nicht der Typ Mann, der mich angesprochen hätte. Danach brach ich auch jeden weiteren Versuch einer Verabredung ab. Seine Mutter aber gab nicht auf. Zehn Tage später. Ein Nachmittag, ich bettete sie neu, ließ sie mich wissen, wie sehr es ihr Wunsch wäre, ihr Sohn und ich …wir könnten doch noch einmal einen Kaffee trinken gehen. Wieder war meine Antwort: „Ich gehöre Gott!" Eine halbe Stunde später, das Türlicht des Krankenzimmers zeigte Alarm. Ich eilte zu dem Zimmer und sah die Patientin in großer Atemnot. Zurück ins Schwesternzimmer, den Arzt verständigt, eine Spritze aufgezogen, das war alles, was

ich tun konnte. Zurück ins Patientenzimmer. Es war zu spät. Sie hatte die Augen für immer geschlossen. Ich bereitete alles für die Leichenhalle vor und brachte sie zu diesem letzten Ort; heute sage ich: Hier muss etwas Unerklärliches geschehen sein.

Ihr Sohn ging mir nicht mehr aus dem Kopf. Nach sechs Monaten fasste ich mir ein Herz und schrieb ihm einen Brief. Ich wollte wissen, wie es ihm geht nach dem Tod seiner Mutter. Es folgte eine Verabredung. Er holte mich von der Fahrschule ab. Ich sah ihn von Weitem … Da war es geschehen. Ich war verliebt.

Nun ging alles sehr schnell. Das Gelübde, das ich ablegen wollte, war vergessen. Eine schwache Stunde, und ich war schwanger. Drei Monate später wa-

Horst und Rita Wienkotte glauben, dass dort „oben" eine starke Frau sitzt und über ihre Liebe wacht.

ren wir verheiratet. Wir haben weder Messer noch Gabel besessen. Ein Student und eine Krankenschwester, die gerade das Examen bestanden hatte, ein Kind in Erwartung, so begann unsere Zeit in eine ungewissen Zukunft. Nun sind wir 48 Jahre verheiratet, haben zwei wunderbare Kinder und sind stolze Großeltern von zwei Enkeltöchtern, die uns hoffentlich bald zu Urgroßeltern machen werden. Unsere Jahre sind immer wieder geprägt worden von großen Ereignissen, die wir bestens bewältigt haben. Wir glauben daran, dass dort „oben" eine starke Frau sitzt, die immer noch mit an unserem Rad dreht. Ein vergoldetes Rad inzwischen, das viele Speichen hat. Jede Speiche kann eine Geschichte erzählen, die vielleicht noch lohnenswert wäre, sie zu lesen.

Rita und Horst Wienkotte

Wohnort: Garbsen
Alter: 72 und 68 Jahre
Verheiratet seit: 1966
Gemeinsamkeiten: zwei Kinder, Golf spielen, gemeinsam malen, Kunst, Literatur

Ein Tanz
im Weinberg

Alfred und Helga Ohms Wege treffen sich in Hannover

An einem Abend, es war Ende 1958, da ging ich mit meinem Freund Hans in den Fröhlichen Weinberg. Der Weinberg, das ist ein Tanzlokal, dass es bis heute gibt. Der Hans tanzte mit einer blonden Frau, die war hübsch. Sie trug ein herrliches grünes Samtkleid und schwarze Strümpfe mit Naht. Ich musste sie die ganze Zeit anschauen. Als der Hans sie später noch einmal auffordern wollte, da sagte ich: „Nee, Hans, mit der tanze ich jetzt." Ich gab damals ein wenig den Ton an zwischen uns beiden. Also tanzte ich mit der Frau im grünen Kleid. Ein paar Monate später haben wir uns verlobt.

Dass Helga und ich uns im Weinberg getroffen haben, das ist eigentlich eine unglaubliche Geschichte. Ich war ja aus Stralsund. Mein Großvater war mit Anfang 30 im Ersten Weltkrieg gestorben, mein Vater mit Anfang 30 im Zweiten Weltkrieg. Mein Bruder wurde in Russland zum Flieger ausgebildet. Nun wollte mich die Armee einziehen. Wir hatten damals wenig, meine Mutter war ja allein. Ich wollte also weg, in den Westen, zusammen mit dem Hans. Ich erzählte niemandem etwas. Meine Mutter hätte mich wohl verraten, weil sie Angst gehabt hätte um mich, aber auch um sich. Wie sollte sie das ohne mich schaffen? Wir hatten alles geplant, der Hans und ich. Ein Auftrag in Berlin, ich war ja Maler. Meine Mutter wunderte sich nur kurz, warum ich im Februar meine Sommerjacke mitnahm. Wir

fragten unsere Freunde, was wir ihnen aus West-Berlin mitbringen sollten, und schrieben eine Liste – als Beweis, dass wir wiederkommen wollten. Es gab zwar die Mauer noch nicht, aber es war trotzdem Republikflucht, was wir planten. Eigentlich wollten Hans und ich ja nach Schweden auswandern. Aber von West-Berlin nahmen wir dann den günstigsten Flieger. Der ging nach Hannover. Wir nahmen uns ein Zimmer und bekamen noch am selben Tag Arbeit bei einem Malermeister. Und so blieben wir in Hannover. Die Dinge vom Einkaufszettel, die schickten wir unseren Freunden an der Ostsee, die wir so lange nicht sehen sollten.

Auch meine Helga war aus dem Osten geflohen. Sie fuhr 1957 mit ihrem Vater in den Westen, ein Urlaub, so war es gedacht. Aber sie wollte im Westen bleiben, sie mochte die hübschen Kleider, das Freie. Obwohl der Vater ihr sagte, wie sehr die kleine Schwester ihre Helga wohl vermissen werde. Wie sehr er sie selbst vermissen würde, der Mann aus Lengefeld in Thüringen, das konnte er nicht sagen. Helga, damals gerade 18 Jahre alt, blieb im Westen – ohne zu wissen, wann sie ihre Familie wiedersehen würde. Sie arbeitete erst in einem Krankenhaus in Selters an der Lahn, half den Krankenschwestern. Nach einem Jahr ging sie in den Norden. Die Cousine wohnte in Celle, Helga fand eine Anstellung in Hannover, wohnte in Isernhagen bei einer wohlhabenden Familie und kümmerte sich um die Kinder. Ich besuchte sie dort manchmal heimlich. Einmal, da saßen wir in der Stube und schauten Fernsehen. Die Eheleute waren außer Haus. Aber weil das eine Kind ein wenig krank war, kam die Mutter früher zurück. Ich hörte den Schlüssel im Schloss, rannte in die Küche und versteckte mich hinter einem Vorhang im Wirtschaftsraum. Die Dame des Hauses stand fast neben mir, ich atmete nicht. Es ging gut.

Wir haben dann ein Zimmer mieten können im Sahlkamp bei einer jungen Familie. Helga hatte ihre Aussteuer schon bekommen, die Mutter schickte nach und nach Decken und Bettzeug und so etwas aus Thüringen. Unsere Mieter hatten nichts außer der Wohnung an sich. Also gab

Helga von ihren Sachen, bis mir das irgendwann zu viel wurde. Und bald darauf zogen wir in unser erstes Haus. Das stand im Garten, war vorher ein Hühnerhaus, und wurde nach unserem Auszug wieder ein Hühnerhaus. Aber es war unser Haus. Wir richteten es ein, Helga dekorierte gerne, ich war der Handwerker. Das meiste waren Jaffa-Möbel – Möbel aus Apfelsinenkisten. Wir organisierten uns auch einen alten Schrank. Der war so schäbig, dass wir ihn erst im Dunkeln mit dem Handwagen holten. Aber ich habe den dann weiß gestrichen und sogar so lasiert, als würden Äste durchschimmern. Und unsere Freunde, die alle in kleinen, möblierten Zimmern wohnten, die waren dann richtig neidisch auf unser Zuhause.

So ging es ganz langsam bergauf. Ich wechselte vom Malerbetrieb zu VW, es gab dort eine Mark mehr in der Stunde. Als Helga mit unserer ersten Tochter im Nordstadtkrankenhaus lag, da musste ich von VW zu Fuß gehen. Eine Fahrkarte konnte ich mir nicht leisten. Deswegen war ich damals auch so schlank, vom vielen Unterwegssein. Und Helga versteckte im Krankenhaus die Eier und gab sie mir mit, damit ich zu Hause was Richtiges zu essen hatte. Ja, so waren die Zeiten. Wir haben immer viel gearbeitet, ich erst als Handwerker und dann bei der Bank, Helga beim Amt.

Helga und Alfred Ohm

Wohnort: Obernkirchen
Alter: 76 und 74 Jahre
Verheiratet seit: 1959
Gemeinsamkeiten: Kinder und Enkelkinder, Garten und Flucht aus der DDR

Drei Kinder haben wir heute und zwei Enkel. Und wir leben in einem großen Haus mit Garten. Um den Garten kümmert sich meine Frau. Das Rasenmähen überlässt sie mir, immer mit dem Hinweis: Fred, die Blumen, die lässt du stehen!

Alfred und Helga Ohm haben sich in der Nachkriegszeit kennengelernt.

Tanztraum gefunden

Hartmut Wedemeyer beweist Recherchetalent

Als Turniertänzer in einem hannoverschen Tanzklub traf ich Ende der 1960er-Jahre immer zahlreiche tanzbegeisterte Mädchen in den damals boomenden Tanzschulen. Das Turniertanztraining war harter Sport, und für einen entspannenden Ausgleich sorgten auch die Tanztees am Sonntagnachmittag nicht, da dort weiter korrekte Tanzhaltung praktiziert wurde. Diese suchte ich am Wochenende als Tanzbegeisterter weniger auf, dafür umso mehr eine Art „Entspannungsschwof" in einer Konkurrenztanzschule, die am Sonnabendabend ihre Tanzabende für jedermann öffnete.

Ich traf dort ein reizendes, hübsches, blondes Mädchen, mit der sich harmonisch tanzen ließ, wie ich unschwer feststellen konnte. Ich ließ sie an dem gesamten Abend nicht aus den Armen. Beim Wiener Walzer allerdings brach bei mir der Turniertänzer, der eigentlich nur schwofen wollte, wieder durch, und ich belehrte meine langhaarige Blondie, dass bei einer Linksdrehung der Rückwärtsgehende seinen linken

Karin und Hartmut Wedemeyer

Wohnort: Isernhagen
Alter: 68 und 65 Jahre
Verheiratet seit: 1977
Gemeinsamkeiten: drei Kinder, Turniertänze, Reisen

Fuß vor den rechten kreuzt und nicht parallel setzt. Sie nahm das gelassen, und wir verbrachten den Rest des Abends „rhythmisch stehend" und „enger kontaktierend" in der kleinen „Remise" im Untergeschoss der Tanzschule.

Ich durfte sie um 23 Uhr sogar noch zum Hauptbahnhof begleiten, von wo sie mit der Straßenbahn nach Hause fahren wollte. Ich wollte dieses aufregende Wesen unbedingt wiedersehen, denn ich war schnell zu der Überzeugung gekommen: „Die oder keine!" Ich konnte aber weder ihre Handynummer erfragen, weil es Mobiltelefone ja noch nicht gab, noch ihr eine Festnetznummer entlocken, da ihre Eltern kein Telefon besaßen. Die Linie 8 kam schneller als gedacht, und das Einzige, was ich von diesem Traummädchen noch erfahren konnte, war, dass sie als Drogistin in Döhren tätig war.

Am Montag durchforschte ich das gelbe Telefonbuch nach Döhrener Drogerien und fand darin einige. Aber in welcher arbeitete mein Tanztraum? Die ersten beiden angerufenen Drogerien dämpften sofort meine Euphorie, da dort kein Mädchen namens Karin beschäftigt war, was bei mir schon einige Panik auslöste. Ich versuchte es ein drittes Mal und stellte dem Drogerieinhaber, der persönlich am Apparat war, meine Frage nach einer Karin.

Karin und Hartmut Wedemeyer in den 1970er-Jahren und heute.

Ich muss wohl sehr verdutzt ausgesehen haben, als er zurückfragte: „Welche meinen Sie denn? Ich habe drei Karins." „Die Tanzkarin", verlangte ich irritiert und musste mir anhören, dass seine drei Karins wohl „alle tanzen könnten". Also blieb nur die, die vorgestern in einer Tanzschule am Neuen Haus einen Wiener Walzer mit mir getanzt hatte. „Wer hat am Sonnabend einen Wiener Walzer getanzt?" vernahm ich seine laute Frage im Telefonhörer, um gleich danach mein Traummädchen zu sprechen, dem mein Anruf bei ihrem Chef offensichtlich peinlich war.

Ich fragte sie, ob wir uns am Abend an der Kröpcke-Uhr treffen könnten, um vielleicht weitere Tanzaktivitäten in einer Tanzbar zu entfalten. Sie war überrascht von diesem „Überfall für Montagabend", aber ich musste „aufs Ganze" gehen, da ich ab Dienstag an einer einwöchigen Bundeswehrübung teilnehmen musste und damit am nächsten Wochenende nicht zur Verfügung stand, an dem meine „Konkurrenten" aber sicherlich präsent waren. Zu meiner großen Freude willigte sie für 20 Uhr ein, und in „Pedros Bodega" (so hieß die kleine Tanzbar in der Langen Laube) kamen wir uns anschließend „etwas näher", was zu der Zeit bedeutete, dass wir uns bei diesem zweiten Treffen bereits duzten! Es war aber tatsächlich wohl „eine Liebe auf den ersten Blick"!

Aber erst nach weiteren sechs Verabredungen konnte die anfangs scheue gegenseitige Sympathie mit ersten zarten Küsschen besiegelt werden. Sie wurde nun ständig weiterentwickelt, auch durch extravagante Ereignisse: So holte ich einmal während meines Studentenjobs als Betonmischerfahrer meine Freundin morgens zur Arbeit ab. „Ich dachte, es wäre die Müllabfuhr", erklärte sie später noch begeistert. Weitere Anekdoten würden diese Zeilen sprengen, aber nach zehn Jahren des „Vorübens" wurde dann geheiratet, und eine Familie mit drei Kindern wuchs heran, zwei Jungen und ein Mädchen. Trotz gefeierter Silberhochzeit und bevorstehender Rubinhochzeit wird primär der „Kennenlerntag" gefeiert - und der jährt sich in drei Jahren dann schon zum 50. Mal ...

Glücklich im Kiosk

Liane Korbach lernt Soldaten kennen und lieben

Voller Stolz sage ich, dass ich Hannoveranerin oder genau Herrenhäuserin bin. Hier bin ich geboren, und hier lebe ich gern. Meine Mutter war hier mit einem Hutsalon selbstständig. Mein Vater eröffnete 1954 einen Kiosk am Herrenhäuser Markt. Für mich verwirklichte sich mein Traum. Verkaufen, mit Menschen kommunizieren, das Treiben beobachten, denn hier am Markt pulsiert das Leben. Als 13-jährige Schülerin half ich sooft es ging aus. Ich durfte sogar den ersten Kunden bedienen. Es sollte Glück bringen.

Nach der Schulzeit musste ich im Kiosk arbeiten. Mit Leib und Seele stand ich hinter dem Tresen. Mit 19 Jahren kam ich schon mal ins Grübeln, meine ehemaligen Mitschülerinnen hatten schon alle einen Freund oder Verlobten. Ich stand nur im Kiosk. Wie und wo konnte ich da einen Freund finden?

An einem Vormittag kaufte eine Freundin bei mir ein, als plötzlich ein Fahrschulwagen der Bundeswehr hielt. Ein Soldat kam, er überreichte mir einen Brief seines Vorgesetzten mit der Bitte, diesen zu beantworten. Ich war erstaunt und sagte zu meiner Freundin: „Durch so einen Blödsinn kann man vielleicht den Mann fürs Leben finden!" Ich beantwortete mit viel Neugier die netten Zeilen. Leider kam keine Rückantwort. Ich konnte es nicht begreifen. Mir kam der Gedanke, dass der Fahrlehrer durch Hannover fuhr, und seine Schüler mussten Briefe verteilen. So hätte er Spaß beim Lesen der Antworten, denn die Kaserne lag einsam im Wald bei Nienburg.

Nach kurzem Zeitabstand überreichten mir Fahrschüler Rosensträuße. Ich verstand nichts und hatte auch keine Ahnung, wer dahinterstecken könnte. Dann kam die Überraschung: Ein Fahrschulwagen hielt an, und der Fahrlehrer kam zu mir. Mein Herz jagte. Es war der Briefschreiber und Rosenkavalier. Er wollte den Grund wissen, warum ich seine Briefe nie beantwortet hatte. Diesen Grund sollte ich bald erfahren: Mein Vater hatte seine Post unterschlagen. Wir verabredeten uns. Voller Freude kam er dann mit all seinen Kameraden, um mich vorzustellen. Der Marktplatz war vollgeparkt mit Bundeswehrfahrzeugen. Die Fahrschüler lernten die nahe Umgebung kennen. Alle Fahrlehrer standen vor dem Kiosk. Ich war gerührt und fasziniert. Ein Kamerad fiel mir besonders positiv auf. Dieser Unbekannte kam ab dieser Stunde täglich. Er trank immer eine Cola und verbrachte bei mir eine kleine Pause. Als ich erfuhr, dass mein Briefschreiber liiert war, trennten wir uns.

An einem Abend kurz vor Feierabend kam überraschend der unbekannte Kamerad, bestellte eine Cola und fragte mich mutig und direkt: „Darf ich Ihnen heute Abend Hannover zeigen?" Ich war sofort einverstanden, denn

Der Kiosk hält Liane und Christian Korbach über Jahre jung. Ans Aufhören denken sie noch lange nicht.

er war mir ja schon positiv aufgefallen. Er lud mich in die „Güse Milchbar" am Aegi ein. Wie er mir dort erzählte, wollte er einem Kameraden nicht die Freundin ausspannen. Von diesem Abend an waren wir unzertrennlich.

An den Wochenenden musste ich auch im Kiosk arbeiten. Mein Christian leistete mir Gesellschaft und half mir, so gut er konnte. Bald lernte er das Verkaufen. Wir wurden ein gutes Team. Leider hatten wir kaum gemeinsame Freizeit. Nach zwei Jahren besiegelte unsere Hochzeit das Glück. Die Bundeswehrzeit ging zu Ende. Was nun? Der Kiosk ist und war für mich mein Leben. Hier wollte ich niemals weg. Mir zuliebe war mein Mann bereit, gemeinsam mit mir den Kiosk zu betreiben. Wir ergänzten uns gut. Zwei prachtvolle Söhne sind unser Stolz.

Der Kiosk ist bis heute unser Mittelpunkt. Es ist unser erweitertes Wohnzimmer geworden. Bis heute ist es immer spannend geblieben. 60 Jahre Kiosk und goldene Hochzeit. Für unsere Kunden sind wir Kult und das „Herz von Herrenhausen". Durch einen Brief, den ich erst als „Blödsinn" empfand, lernte ich durch Umwege den Partner fürs Leben kennen. Versteckt neben der Kasse hängt ein Spruch, den ich im Trödel fand: „Wenn ich dich nicht hätte …" Meinem Mann habe ich es zu verdanken, dass ich Herrenhausen und den Kiosk nie verlassen musste. Hiermit möchte ich mich bei meinem „Schatz" bedanken, weil er in den vergangenen 50 Jahren für mich, unsere Familie und Kunden immer zuverlässig war.

Liane und Christian Korbach

Wohnort: Hannover-Herrenhausen
Alter: 72 und 75 Jahre
Verheiratet seit: 1964
Gemeinsamkeiten: zwei Söhne, die Arbeit im Kiosk

Liebe auf Durchreise

Am Terminal lernt Elsa Villanueva ihren Mann kennen

In unserer Geschichte haben wir uns am Flughafenterminal in Reno, Nevada getroffen, aber es war nicht die Liebe auf den ersten Blick. Ich wollte ihn mit meiner Freundin verkuppeln. Ich komme aus Chicago und war beruflich nach Oregon geflogen und wohnte zu diesem Zeitpunkt in Milwaukee. Er flog nach San Diego und lebte in Chicago, aber er kam aus einem kleinen Dorf namens Warnstedt in der Nähe von Cloppenburg hier in Deutschland. Es gab das Glück, das uns am späten Abendflug zusammenführte und uns zu unserem Schicksal führte. Wie versprochen, habe ich bei meiner Freundin von ihm geschwärmt. Zuerst wunderte sie sich, warum ich ihn nicht einfach

Elsa Villanueva-Möller und Ludger Möller sind seit 14 Jahren verheiratet, so lange leben sie auch in Hannover.

selbst als Boyfriend nahm. Aber zu dieser Zeit hatte ich bereits einen anderen Freund und keine Lust auf eine Fernbeziehung. Sie haben sich getroffen und glücklicherweise, für mich, ist der Funke nicht übergesprungen!

Nach einem Jahr schöner Freundschaft besuchte er mich in Austin, Texas, denn ich hatte einen neuen Job. Der Funke hat bei uns gereicht. So stellte er mich bei seinen Eltern in Deutschland vor. Auf der Reise nach Europa hielten wir in Paris, wo (ich hatte keine Ahnung davon) er mich dann mit einem Heiratsantrag auf dem Eiffelturm überraschte! Er bekam einen Job in Hannover, wo wir dann auch landeten.

Meine einzige Bitte an ihn war, dass wir in die Stadtmitte ziehen. Nun leben wir glücklich mit unseren drei Kindern im Goldenen Winkel in Hannover.

Elsa Villanueva-Möller und Ludger Möller

Wohnort: Hannover
Alter: 47 und 48 Jahre
Verheiratet seit: 2000
Gemeinsamkeiten: drei Kinder, einmal pro Woche abends
etwas unternehmen, neue Restaurants ausprobieren

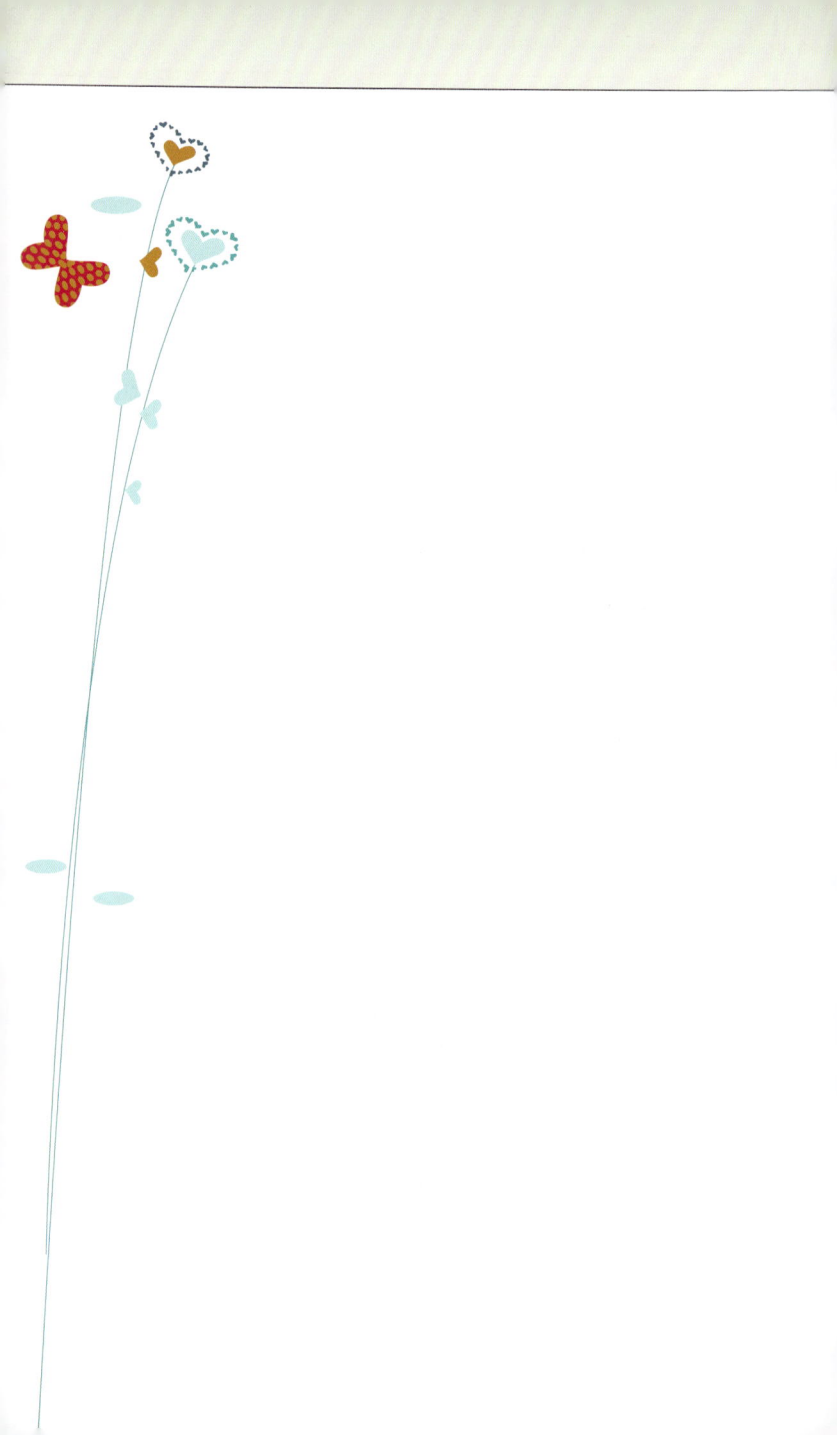

Hannoversche *Liebes-Geschichten*

erzählt von Lesern der Hannoverschen Allgemeinen Zeitung und Neuen Presse

Redaktion: Jelena Altmann
Art Direktion: Sabine Erdbrink
Layout & Satz: Sabine Erdbrink, Sonja Luise Kupgisch
Gesamtverantwortung: Annett Wagenknecht

Lithografie: Llorens Amparo

Fotos: Alle Fotos privat mit folgenden Ausnahmen:
Frank Wilde (S. 10), Reinermann (S. 18),
Michael Thomas (S.31), Petrow (S.170)
Titelbild und Herzoptik(shutterstock.com/SH-Vector
und iStockphoto.com/chuwy)
Fotorahmen (iStockphoto.com/subjug)

© Madsack Medienagentur GmbH & Co. KG
August-Madsack-Straße 1
30559 Hannover

www.madsack-agentur.de

Druck: Druckhaus Göttingen
Göttinger Tageblatt GmbH & Co. KG
Dransfelder Straße 1
37079 Göttingen

1. Auflage: November 2014

ISBN 978-3-940308-8-94

Bibliografische Informationen der Deutschen Bibliothek:
Die Deutsche Bibliothek verzeichnet diese Publikation in der
Deutschen Nationalbibliografie; detaillierte Daten im Internet
über http://dnb.ddb.de abrufbar.